天 地 人 和 諧

——儒家的環境空間倫理與關懷

潘朝陽 著

臺灣 學 ＼ 書 局 印行

自　序

　　全球的環境生態的危機困境，從二十世紀中葉「羅馬俱樂部」發布人類文明《成長的極限》直至近年國際共同發布《京都議定書》，雖然證明全世界各主要國家和社會，都明白由於現代化和全球化，環境污染、生態危機和空間困境，已經是一個複雜深刻的亟需對治的全球性問題。然而，此危機和困境，並沒有真正得到解決。

　　環境和空間的危機與困境，是文明問題；文明問題不是起源於自然，而是文明自己造成的。然而，文明也不是天生天成，乃是源於人之心靈思想。正如同東土三教都一致的觀點，那就是這個世界的一切文明的陰陽正負之存在，追根究底，都是人心自己造出來的，因此一切生態和空間的危局，亦是人文行為的報應，故其消除，不能以為僅以政治經濟法律等方法可奏其功，而應溯其根源，須從心靈思想入手，心靈思想的易輒復初以及提升入道，才是釜底抽薪、背水一戰的真正取徑。

　　相反而論，心靈思想不是憑空虛懸就會創造的，它需有環境和空間為其架構而得以倚靠依託而產生。如《易》記載古哲仰觀天文俯察地理並且觀察了周遭的生物生態之後，得出了基本的「八卦」，也就是從大自然的八個元素：天、地、山、水、火、風、雷、澤的觀察之後，有以歸納認識而得出的元素概念，並以此基本

自然元素之變化關係中得出環境生態和時間空間的各類架構，再將人文活動和人心思想等加以和諧性的配合，因而得出吉凶之六十四個卦象與三百八十四個爻象。這個例子提示我們，我們這個世界，乃是心靈思想、人文造作和環境空間密切交織互動的總體。

　　然而，人與環境生態空間，具有「能所」的關係，換言之，人是主體能動性，也就是「能」，而自然生態與環境空間，則是先驗而由造化自身設置演進的客體性存有，故其地位是「所」，它在人之先而有。可是自從人文參與之後，如同儒家所言，人參贊天地之化育，人即以其心靈思想介入自然生態與環境空間，因此帶動了自然生態與環境空間的變化，愈是文明介入參贊，則自然生態與環境空間的文明意味和內容也就愈深愈廣，而整體地球的自然性愈被文明化而愈增加其文明性。

　　文明與自然的關係是辯證性的，可以和諧而統一，亦可以矛盾而割裂。傳統時代的人文活動，人是與天地相和諧的，但自從工業化和都市化帶動的現代化風起雲湧，成為全球化的主流之後，天地人的傳統和諧性，已經急速淪落，現代的人與天地之間的倫理是矛盾割裂的。此結果有外在的科技性宰制主義使然，卻更有內在的工具理性獨佔主義使然。換言之，人類在數百年以來的理性運動過程中，將道德理性壓抑、丟棄、輕忽，終而只剩下工具理性或知性理性。於是，人以其工具性之理智心將自然世界視為可任意切割剖析而盡情剝削奪取的無主體性對象物。此種與自然為敵的心靈思想是現代性，乃是傳統世界包括東土和歐洲以及非洲美洲之原初之人沒有的心態。

　　中土三教以及流行於庶民世界的陰陽五行風水術，皆主張生生和諧的天人關係論。儒家固然認為人文要參與自然，所以說「君子

參贊天地之化育」，也說「天工人其代之」。但是儒家的人文是仁之人文，而不是歐洲現代性的與自然分裂隔離的以人為本的人文，儒家的人文是與自然互融的，故《易經乾傳》有云：「大人者與天地合其德，與日月合其明，與四時合其序，與鬼神合其吉凶。」此即主張人文的參與自然，是必須合乎天地日月四時的自然律以及超越界形上界的「天地神明之道」的，換言之，儒家的人文參與自然，是依自然環境之健動生生永續的律則，而以自然以及隱藏在其深處的「奧密」（即「鬼神」）為師，此種人文參贊天地，乃是與天地和諧的環境空間倫理。

中國儒家的古典有豐富的天地人和諧倫理之敘述，其生態智慧，並非先秦之後就斷喪，它是一條如長江一般的心靈生命思想智慧的源泉混混的巨流，直至當代新儒家的著作中依然新生而健動不已，表現出活潑潑的人文道德理想主義的精神與內容，值得現代人重新加以審視省察。本文會集筆者近年相關的詮釋論文，共有五章，其中兩章從現代環境生態危機和人文空間困境切入而詮釋古代到當代儒家的和諧性環境空間倫理，一章論當代新儒家的與自然和諧的科學觀，再一章從中國傳統有機農業文明而論及古代和當代儒家的生機主義之環境倫理，最後一章闡釋人類宜採行節約簡樸的生活和生命之道，此種節約簡樸之道，是儒家的基本態度，也是最和諧的對應環境生態以及經營生存空間之方向。

潘朝陽

臺北 天何言齋 丙申年（2016）初春三月

天地人和諧
——儒家的環境空間倫理與關懷

目　次

壹　當代的環境危機與中國古代儒家的環境思想

一、前言

地球上的生靈和人類的生存，在二十一世紀的未來，是否還能持續？抑或這個持續還能多久？當今很多宗教家、智者、思想家……都在苦心焦思，為全球的環境危機和人類困境，尋找對治存活的良藥。可是似乎其量無數的政客、奸商、軍火販子以及每天為生存和生活而忙上奔下的庶民百姓，依然活在逐漸沸騰的鍋中悠哉游哉或渾渾噩噩。

儒家與其他全球倫理（global ethics）的大教，都為了當代全球日愈沉淪難返之環境生態污染、破毀和異化而憂患不已。世人在嚴重污染破毀的環境中以及高度扭曲阻隔的空間裡，其日久矣，故其人之身心亦已與天地離散疏隔，已與生機離散疏隔，已與我群離散疏隔，更與自己離散疏隔。

這個趨勢漸漸積重難返，重新闡揚儒家的常道慧命而予世人以生命和心靈的倫理啟蒙，正其時矣。本文的主旨，一方面簡明地點出當代環境之危機和人類的困境，再就中國儒家古典具有的面對環境生態之傳統倫理之道，加以說明闡揚，最後則以當代新儒家唐君

毅先生（1909-1978）的中國傳統農業生活之智慧的論述簡略加以詮釋。本文擬結合古典儒家至當代新儒家之脈絡而加以闡明儒家的整全生機的環境空間觀，藉此提供一劑清涼散，作為治療現代性重症的良藥。

二、當代的環境危機與人類困境

全球的環境危機（the Environmental Crisis）[1] 是「現代化」（modernization）造成的。由於人類的生存與環境密切相關，所以環境危機其實也是人類的生存困境。1968 年，在羅馬的林塞學院（Academia deiLincei）集合了三十位科學家、經濟學家、人文學者、企業人士以及其他領域的重要人員，共同討論人類與環境的困境和危機，這個會議成立了「羅馬俱樂部」（the Club of Rome），[2] 並決議進行「人類困境研究計畫」，其目的在於探究困擾世界各國人民種種問題的複雜性，包括：富裕中的貧窮、環境的惡化、對制度喪失信心、都市的無限制擴張、就業的不安全、青少年的心理疏遠、反抗傳統價值、通貨膨脹及其他財經危機等。這些現象，統稱為「世界問題」（problems of world）。[3]

---

[1] 「環境」是指「生態環境」，所以「環境危機」也可以稱之為「生態危機」，有時亦連詞而用之，稱為「生態環境危機」或「環境生態危機」。

[2] Club 亦可譯為「會所」，「羅馬俱樂部」宜譯為「羅馬會所」。本文徵引的專書中譯此機構為「俱樂部」，為忠實於徵引的專書，故仍然稱其為「羅馬俱樂部」。

[3] 根據〈波多馬克協會會長瓦茲（W. Watts）序〉，出自 D. H. Meadows, D. L. Meadows, J. Randers, W. W. Behrens III.，朱岑樓、胡薇麗（譯）：《成

　　社會學家朱岑樓說：「《成長的極限》（*The Limits to Growth*）是義大利羅馬俱樂部和美國麻省理工學院合作研究『人類的困境』而撰成科學報告。他們用『系統動力學』（system dynamics）的數學模式，經由電子計算機，探求全世界複雜交錯的體系。研究資料集中於五項主要變數（人口、糧食供應、自然資源、工業生產、汙染）之間的相互關係。以 1900 年至 1970 年的趨勢作為歷史基準，推算這些變數的未來發展。」[4]

　　此研究計畫的結論如下：

> 如果世界人口、工業化、汙染、糧食生產、資源枯竭，仍以目前的成長趨勢繼續下去，而不改變的話，那麼，我們的世界將在嗣後百年內到達其成長極限。最可能的結果，是人口和工業生產發生快速的、不能遏止的衰落。[5]

這本關於環境危機和人類困境的科學報告以《成長的極限》為書名而出版於上個世紀的 1972 年，極具警惕世人之意。距離當代，已有四十多年之久。上述的結論，是說如果人口爆炸、工業污染、糧食歉收、資源枯竭的趨勢一直沒有減緩或停止的話，則在一世紀內，也就是二十一世紀末，人類、甚至整體生態系中的生命，均將無可避免地衰亡。

　　然而，四十年很快就過去了，全球的環境危機亦即人類的困境

長的極限》（臺北：巨流圖書公司，1979）。

[4]　朱岑樓：〈譯者序〉，同上引書。

[5]　同上注。

是否已經解除？事實上根本沒有，反而日形嚴重，當前，各主要國家仍然常有集會商議如何共同合作減緩或解決環境破毀和污染，但往往成效有限。中國學者楊通進和高予遠提到工業化之後，世界發生兩個次序的環境危機，二十世紀的五、六十年代，環境污染開始成為西方工業化國家普遍面對的社會生態問題，這是第一次的人類環境危機，主要表現在大氣污染、水污染、土壤污染、固體廢棄物污染、有毒化學物品污染以及噪音、電磁波等物理性污染。這階段較多集中在工業化國家。然而，到了同一世紀的七、八十年代，人類不但沒有圓滿順利地解決上述的環境污染問題，反而愈來愈嚴重，於此，乃進入第二次的人類環境危機，其特徵有四：

第一，環境污染已從工業國漫延到發展中國家，環境污染已經全球化。以中國而言，七大江河水系均遭污染，近一半河段污染嚴重；全世界嚴重污染的都市，北京、天津、瀋陽、太原、蘭州名列金榜；全中國有 2/3 的都市陷入垃圾重圍之中。

第二，資源短缺，如生產和生活用水、耕地、能源、礦產資源等一系列短缺現象開始浮現。二十世紀七十年代，中東石油危機爆發，許多近海漁業瀕臨枯竭，2006 年，已有 60% 的地區和國家面臨淡水不足的困境，以中國而言，人均擁有的淡水量只有世界人均擁有量的 1/4；北方較嚴重，是 1/8；西北更嚴重，是 1/16。中國的人均森林占有量不及世界平均水準的 1/6。

第三，人口暴增。上世紀末，全球人口估計達 60 億。如此大量的人口使資源短缺問題愈形嚴重，饑饉在某些地區或國家已成常態。就中國言，現在人口官方統計大概是 12 億，其人均耕地卻只有世界人均水準的 1/4。

第四，全球環境生態遭受全面性的破壞。過度開墾和放牧，使

全球土地的荒漠化加劇。現在，世界大約有 29% 的土地受到沙漠化的威脅；每年約有一萬公頃土地沙漠化。三大熱帶雨林被大規模濫墾濫伐，而海洋漁業也嚴重過度捕撈，兩者造成陸上和海裡物種滅絕以及生物多樣性銳減。未來半世紀內，估算地球會有 1/3 的生物物種滅絕。[6]

　　上引兩位學者的話語，顯示了自從 1970 年代「羅馬俱樂部」的菁英聯合發表了警世危言，此之後，人類顯然沒有在其中得到啟發或警覺，因此，在二十一世紀的當前，任何關心全球環境生態惡化的知識分子，其心更加憂患悲愁，因為在全球化的推波助瀾下，環境危機更加深沉而積重難返。

　　上面的簡明敘述，筆者試圖陳明的是：由於工業化而產生的環境汙染和生態破毀的情勢，隨著現代化的全球化之進程，愈來愈嚴重而似乎難以挽回。

三、都市空間與生態之病症

　　其實，人類遭遇的環境困境，還有一層存在，如上所述之環境危機內容，是就較寬廣尺度而總言地球的自然環境之污染和破毀。其因緣實為工業化的作用而生發了環境危機之果報。而工業生產需要空間聚集性，它必然有聚合型空間，也就是因工業化而產生的人類活動高度聚集的空間，此即「城市」（city）或「都會」

6　楊通進、高予遠：〈導論‧現代社會的生態危機與人類文明的生態轉向〉，楊通進、高予遠主編：《現代文明的生態轉向》（重慶：重慶出版社，2007.04），頁3-5。

（urban）。工廠是以「都市」（本文將兩者綜合而言，稱為都市）為其中心區位的，換言之，現代化的都市地區是工業的生產基地，同時也是消費市場。現代人對於兩種空間景觀十分熟悉，其一是「二級產業」的製造業的廠區、廠房以及其中的機器，煙囪、倉庫、房舍、堆棧物以及出出入入的龐大貨運車、罐裝車、貨櫃車，再加上瀰漫天際的煙霧，更再加上很強的化學性或生化性的濃烈氣味與毒性……等；其一則是「三級產業」的服務業的都市以及集合數個都市而聚集形成的大都市地區或大都市集團，在其中聚集堆疊了各種高聳入雲而遮蔽天空的建築物、如蛛網般的道路、形形色色的行業、辦公室、機構、住宅以及往來不止的人潮、車潮，再加上巨量的消費性商品、五花八門的器物……等。

工業化以後，工廠與都市的空間景觀往往疊置錯間而為一體。換言之，二、三級產業創造並運作在都市之中（intra-city, intra-urban）以及都市之際（inter-city, inter-urban）；在大小都市之中和大小都市之際，是各式各樣的陸上、空中、水上如蜘蛛網狀的交通系統盤結糾纏，在其中，人群、資源、能量以及物品不止息地流通，還有一種網狀系統也在其中繁複流動不住，那就是現代化下才有的電子資訊的流動體系。人類與祖先不相同了，他們因經濟集聚和交通集聚的效應而數量龐巨地往都市進住。這樣的都市化（urbanization）現象和歷程已經有數百年之久。工業化和都市化的帶動下，地球在結構上區分為兩種空間，一是仍然保有自然生態的荒野（wilderness）；此種荒野其實已經不太多或很快地減少中。一則是都市以及周遭的郊區和鄉村，而所謂郊區和鄉村，它們其實很多已早在都市圈裡面，其都市文明的支配性非常明顯，可以稱為都市空間的外圍或外圈。

美國是資本主義最發達的國家，在工業化潮流下，美國各大都

市紛紛興盛起來，這些大都市，是工業化的產物，也為工業而服務。它們不斷地膨脹，擁擠不堪，逐漸發生都市肥大症，建築形式枯燥，結構外形沉重，上下左右充斥工業化下的人為產品，商販行為低俗而卑賤，在這樣的都市空間和生態中，社會犯罪率不斷攀升。

　　現代化的城市區域往往不是理想的居住空間和環境，甚至於有害，譬如日趨嚴重的都市霾害現象。生物生態學家 Barry Commoner 在二十世紀七十年代，撰寫了一本專書 *The Closing Circle*，中文可譯為《閉鎖中的循環》，由於他這本書主要討論地球環境生態的惡化危機，繼之以往，有一天地球的環境將不再永續循環，中譯者乃依其本義而譯為《環境的危機》，[7]在這本書裡，作者專章探究洛杉磯嚴重的空氣污染。洛城的空氣污染早在一九五十年代就已存在，而且愈來愈嚴重，作者發現有毒性而令市民致病之煙霧型污染性的空氣，源於汽車。Barry Commoner 在這一專章的結尾說到：

> 現代技術對一般人〔……〕巨大利益的範例，就是汽車。它的成敗的分野是在工廠之門。汽車在製造過程中，技術上是非常成功的。但是，汽車一出工廠之門，進入環境，它所表現的是：使都市空氣易致疾病，使人體擔負的一氧化碳及鉛近乎中毒的程度，放置致癌的石棉微粒於人類肺部，以及每年使成千的人被殺害或成為殘廢。汽車對人類的價值由技術

---

[7]　B. Commoner 著，宋尚倫譯：《環境的危機》（臺北：巨流圖書公司，1974）。

> 所創造，而由它在環境中的失敗使這種價值變得渺小。
> 空氣汙染不僅是令人厭惡，也是對健康的一種威脅。它提醒了我們，我們最贊揚的技術上的各種成就——汽車、噴氣機、發電廠，一般工業，以及現代都市本身——都市環境中的失敗者。[8]

此段引文深刻的意思是說，工業化和都市化兩者結合而推動現代化，但是從它的動力中生產製造出來的人工之居住、行動的空間和生態引起的困境和危機，卻令人厭惡害怕，對人的健康具有顯著的威脅性，透過精確的高科技而有的工業產品以及立基在這樣的工業基礎上興盛發達的現代化大都市，乃是地球環境中的「失敗者」。

　　到了二十世紀末期，美國大都市開始發生從中心開始退化或崩潰的重症，專業作家 James Howard Kunstler 指出底特律在 1975 年時，從空中俯瞰，它的空間形態像個「中間燒了個大洞的甜甜圈」，環外是一個超大型的郊區環環圍住，中產階級紛紛遷至郊區定居，市中心由外來的貧窮移民入佔，到了 2000 年，底特律的市中心人行道已野花雜草叢生，都市的榮景不再。聖路易斯的衰頹也一樣，它像是一個四周被郊區環圍的鬼城。除此之外，類似的都市的敗壞和衰頹，發生在水牛城、費城、克里夫蘭、巴爾的摩、紐華克、匹茲堡、堪薩斯、印第安那波里、辛辛那提、密爾瓦基等。其它次級的美國都市，其衰退情形也是一樣的。[9]

---

[8]　同上注，頁 67。

[9]　康斯勒（J. H. Kunstler），郭恆祺譯：《沒有石油的明天・能源枯竭的全球化衝擊》（臺北：商周出版社，2007.04），頁 312-314。

James Howard Kunstler 討論美國大小都市在二十世紀末的持續的中心性衰敗崩頹，有其深層之結構，他特別指出此種現代化都市，是建立在石油工業之基礎上的，石油一直掌控在工業先進國家，它們的資本主義文明，利用廉價的石油為動力，推展了美國的都市與郊區的文明空間。各個大小都市區的繁榮和熱鬧，其實是建立在廉價石油之相關二、三級產業的。他說：

> 各大工業城市再也無法維持二十世紀的榮景，因為工業化需要有太多能源為後盾，況且這些城市所設計的各種工業活動早就壽終正寢了。就像任何大企業一樣，在後廉價石油（昂貴石油）的未來，任何大型農場、大型政府、或大型城市，都不適用於日益縮小的生活。而在「油荒時代」，這些大型機構也會加速緊縮。更有甚者，過去五十年來那些欣欣向榮的新郊區型都會，如鳳凰城、拉斯維加斯、休士頓、亞特蘭大及奧蘭多等，在「油荒時代」一步步進逼向前，衰退速度將比那些老工業城更快，更具災難性，只因這些城市中的種種事物，都被設計成與汽車代步和運送有關。如紐約、芝加哥與洛杉磯等頂級大城。將會步上底特律後塵，其人口也會大量流失，可預見的是，這些大城市的衛生和治安將會面臨空前的挑戰。[10]

上引 James Howard Kunstler 對於最大工業化也是最現代化的美國之都市之現況以及未來的批判，我們可以看到人類現代化之下的都

10　同上注，頁 314-315。

市文明之空間與生態，似乎已然是或將會是非常嚴重的生存困境和險境。

　　因為人之身心與空間、環境息息關聯。都市生活的污染破毀之狀態和程度，必直接間接對於都市人有負面影響。

　　人類愈來愈集居在都市，聯合國統計，在 2008 年，全世界人口超過總人口數的一半，也就是 34 億人口居住在都市。同一年，中國人口的 42% 居住在都市；印度則是總人口的 29% 住在都市。[11]中國國家統計局於 2012 年 1 月 17 日公布中國目前有 69079 萬都市和城鎮人口，佔 13 億總人口的 51.37%，農村人口則是 65656 萬。[12]參考這些人口統計數字，我們明白人類隨著工業化和都市化，愈來愈多人從鄉村或山野湧入、擠進大小都市中居住生活。為數如此擁擠眾多的人口聚集在一個高度工業性人工化以及污染化的都市空間裡面，生活、居住、移動、工作等，絕大部分時間他們都是被環圍套牢於工業性人工化的空間架構中，都市人已經不再與天和地直接相臨在、相密契，他們的世界是機械性無機性的空間。

　　都市生活的幽暗面與現代性（modernity）密不可分。都市是現代性的生活世界的空間場所，現代性的生活一定是在都市中才會有以表達、展開，而且現代都市也一定是現代性的標誌和產物。那麼，都市生活的現代性，或者現代性的都市生活是什麼性格？其性格是

11　向天星：〈聯合國：全球半數人口將住城市〉，《看雜誌》（電子雜誌），第七期（2008 年 3 月）。

12　BBC 中文網：〈中國城市人口首次超越過農村人口〉，2012 年 01 月 17 日。

碎片性、感官性、物質性、多樣性、瞬間性、易逝性。[13]何以現代性的都市生活是這樣的性格？文化評論人汪明安如此詮釋：「由於都市人來源廣泛，背景複雜，興趣殊異，流動頻繁，因此，主宰著民俗社會的血緣紐帶、鄰里關係和世襲生活等傳統情感不復存在。都市人需要同大量的他人打交道，但是這種接觸是功能主義的，表面性的，淺嘗輒止的，非個性化的。」[14]又說：「共同情感的匱乏，急遽的競爭，居無定所，階層和地位的差異，職業分工引起的個體單子化，使人和人之間的溝壑加深，在密密麻麻的人群中，個體並沒有被溫暖所包圍，而是備感孤獨。〔……〕個體沒有歸屬感，他在這個物質化的都市中發現不了自己的根據，也在各種繁瑣的體制中培植不了自己的個性，個性被吞噬了。」[15]汪氏所言甚為深刻真切，現代化都市的現代性之性格，恰好與前現代的農業文明的鄉村空間和生態相反，汪氏將都市和鄉村加以對比說道：

> 現代都市生活同傳統的鄉村民俗生活斷裂；現代生活固有的碎片化同前現代生活的總體化斷裂。正是現代生活碎片化的斷裂特徵，使得它同傳統的整體性的有機生活發生了斷裂。〔……〕鄉村生活屬於「共同體」，而都市生活屬於「社會」；前者是「自然意志」主導的「禮俗社會」，而後者則是「理性意志」主導的「法理社會」。〔……〕鄉村生活被

13　汪民安：《身體、空間與後現代性》（南京：江蘇人民出版社，2006），頁118。

14　同上注。

15　同上注，頁118-119。

> 安靜地束縛在一片固定的土地上，人們根據這片土地確定自
> 己的認同，確定自己的語言、風俗和起源。
> 鄉村緩慢、寂靜的整體性生活，同都市生活的碎片一樣的瞬
> 息萬變恰成對照。在鄉村，絕對不會出現「人群中的人」，
> 人面對的是鄰人和家族權威。正是現代性的都市動盪，使得
> 鄉村那些固定的東西──固定的價值觀，固定的生活方式，
> 固定的時空安排，固定的心理和經驗，固定的社會關係──
> 都烟消雲散了。[16]

依上所述，地球上的人類將愈來愈多自願或被迫而不停息地流湧擠
塞到大小都市中，此現象就意味著起碼一大半甚或更多人口，他們
或者每日漫走於縱橫交錯的市街；或陷進密密麻麻的陌生人群中而
自己也是其中的陌生人；又或者困居於鴿子籠一般的公寓裏而左右
上下的居住人都是無關的「他者」（the Others）；或許耽溺在形形色
色的消費品中讓自己迷途於拜物教的癖性裏，於是，原本在天高地
厚且時光悠長的鄉村本質中蘊藉涵養而有的人之敦篤恆常的生命和
心靈，一旦被拋擲在大小都市的牢籠空間中，都一切被撕裂切割成
碎片。

四、中國儒家古典中的環境觀與空間觀

　　現代人類臨在的困境實有雙重，一是全球環境生態因為工業化
而引起的污染與破毀，另一則是人口大量擁入都市中而帶來的人之

16　同上注，頁 123-124。

疏離與異化。

　　現代都市人在都市中存活的空間性，筆者試以《易經傳》加以詮釋。在《易》的〈乾文言〉中有一句話：「上不在天，下不在田」，又有另一句話：「中不在人」。現代都市的空間，乃是腳下所站所走所臥的「地板」，往往完全是工業產品，而非自然本身；頭頂上則是辦公室、住屋……等建築物的「天花板」，也是屬於完全的工業產品，甚至常常一出大門就進入車子裡，被車子的金屬、塑膠物完全圍繞，更有甚者，則是非常多的都市人每一天都需深入地下鐵，如螞蟻一般行動於地底黃泉，地下鐵當然百分之一百完全屬於科技工程的工業產物。這樣的純然之工業化之都市空間和生態，使現代人變成了塑膠與金屬以及氾濫的石化物品的空間性之存有者，他離開自然的天地已經甚為久遠。

　　所以，我們說現代都市人是一種「上不在天，下不在田」的新人類，與古人截然有異。古人屬於自然天地之間的存有者，他的身心是在天地之中、之內的，他仰觀天文俯察地理，直接與自然生態及環境照面相融，而他的居住與行動之空間的構件，完全取材自大自然，並無任何「工業化產品」。

　　「上不在天，下不在田」，出自《易乾傳》：

> 九三，重剛而不中，上不在天，下不在田；故乾乾因其時而惕，雖危，無咎矣。[17]

《易》之涵義十分豐富，其原初的目的，是提供君子以日常言行的

17　見：《易・乾・文言・九三》。

指標，故以深自惕厲之語警醒。但，《易》之訓言亦可用之於大眾
群體，就文明、社會、國家的總體性的情形而有吉凶安危的提示和
警戒。就此〈乾・九三〉的〈文言〉而言，易學家朱維煥釋曰：
「重剛，李鼎祚《周易集解》引虞翻曰：『以乾接乾故重剛。』
案：乾卦下卦上卦皆乾，乾之性剛，九三、九四際上下兩乾之間，
故曰『重剛』。」[18]《易》的卦爻是古代儒家的空間智慧，此九
三、九四兩爻之位序，也就是它們呈現在空間向度的位置，正好是
在上卦和下卦相臨之際，而皆屬乾陽；乾陽性剛，剛可就「剛健」
言，亦可就「剛硬」言。以《易》來詮釋現代化的都市空間生態，
則我們可以改換「上乾下乾」一詞而曰「上剛硬下剛硬」，這是指
現代化的都市空間乃是一種封閉的鋼筋水泥重重上下圍繞密纏之剛
硬性之生態。朱氏又曰：「重剛，剛之至也。蓋際兩乾之間，稟至
剛之性，此其所以難免於侷促逼迫之感。」[19]現代都市的構築空間
豈不就是「稟至剛之性，而侷促逼迫」？在現代都市的剛硬之空間
中，都市人都有身心雙重的侷促逼迫之空間困境。

　　《乾・文言》的〈九四〉則曰：

　　　　九四，重剛而不中，上不在天，下不在田，中不在人，故或
　　　　之。或之者，疑之也，故無咎。[20]

18　朱維煥：《周易經傳象義闡釋》（臺北：臺灣學生書局，1980），頁
　　　22。
19　同上注。
20　見：《易・乾・文言・九四》。

〈九四‧文言〉接著〈九三‧文言〉而發揮。上下空間都受到剛硬的結構套牢，人在裡面侷促逼迫而難安，因此，我們試順著《易傳》之話語而發問：現代都市人！你們存有於上不見天下不著地的都市鋼筋水泥塑膠的人工空間中，被重重阻隔於大自然天地之外，被重重纏縛於工業人為的框框裏，你們之所在豈能居天地之中位？既然已與天地相隔截，所以也就失落了居天地之中位的事實。然則，如此之都市現代人在都市空間中的生態，也就「中不在人」矣，就是指謂兩種情勢，一種情勢是：現代人或都市人喪失了天地人三才的「中位」，[21]另外一種情勢則更嚴重，此即現代人生存在都市，他們生活所在的都市空間生態與前現代的鄉村生活之空間生態具有根本上的差異，就是在鄉村文明中，人是天倫的存在，這天倫為血緣的家族以及地緣的鄉人，是在一種共同天地和生生之道中的整全性之融合為一，所以，前現代的黎民百姓，乃屬於「全眾」一體於其生活世界的「在世存有」（being-in-the-world），可是，現代化都市的現代性，卻正好與此對裂，都市固然千百萬人口聚集，卻從來就屬於「小眾」和「分眾」的業緣性的「工作同事」以及與自己「工作」毫無關聯的陌生「他者」，這是什麼情境？其實常常就是同在一個職場空間工作的一群沒有或很少同心共情的無關係之人

21　《易‧繫辭下》，第十章曰：「《易》之為書也，廣大悉備：有天道焉，有人道焉，有地道焉，兼三才而兩之，故六。六者，非它也，三才之道也。〔……〕」。《易‧說卦》，第二章曰：「昔者聖人之作易也，將以順性命之理；是以立天之道，曰陰與陽；立地之道，曰柔與剛；立人之道，曰仁與義。兼三才而兩之，故易六畫而成卦。〔……〕」。此兩段《易傳》的文句均說出中國古哲肯定人是在天地的空間和生態之中位，而與天地和合為一種既「三」又為「一」的生命形式和內在。

們，此現代性的職場包羅萬象，譬如貿易公司、電子業的大廠房、大學校區、政府機關、百貨大樓……等，他們之間是沒有血緣之親及地緣之繫的一種「單子」的擺弄在一起。再者，數百萬人的都市譬如臺北市，甚至千萬人的大都市譬如上海市，如此擠壓在一個都市圈中你來我往，其空間動線密織如蛛絲，在密網中不分日夜忙動不休的市民群體，有如飄飄風塵，絕大多數的都市人與你和我其實完全是長宇廣宙之間的偶然，是完全沒有相互關聯的倫常意義的。人在這樣的空間和生態之間存在，與「人」無關，稱之為「中不在人」，甚為恰適。

中國儒家之學是非常重視倫常的思想、觀念、哲理，甚至是一種生命實踐的信仰。其哲思的睿智實非憑空天降，換言之，儒學儒教的常道慧命，乃古代儒家聖賢在中國人的生活世界之環境和空間中培養成就的。筆者曾經為文闡釋中國古代的環境思想與古代中國人的大地倫理乃是一本同體的，其蘊育與發展有一基盤，即中國的有機生態農業文明，以此文明為維生之根基，而創造出整全生機的環境本體宇宙論。[22]從此種哲理出發而構成的環境和空間倫理之根本立場是：天地、神明與人以及一切生命一體和諧共生。

且讓我們從儒家古典有以陳明，茲以《易經傳》論之。

《易‧乾象》曰：

> 大哉乾元，萬物資始，乃統天。雲行雨施，品物流形。大明

---

22 潘朝陽：〈周易的環境倫理及其大地關係〉，收入氏著《心靈‧空間‧環境──人文主義的地理思想》（臺北：五南圖書出版公司，2005），頁415-455。

> 終始，六位時成，時乘六龍以御天。乾道變化，各正性命，
> 保合太和，乃利貞。首出庶物，萬國咸寧。

謹就船山（〔明〕王夫之，1619-1692）的詮釋加以分判：
　(一)「大哉乾元，萬物資始，乃統天。」

> 《易》之言元者多矣，唯純乾之為元，以太和清剛之氣，動
> 而不息，無大不屆，無小不察，入乎地中，出乎地上，發起
> 生化之理，肇乎形，成乎性，以興起有為而見乎德；則凡物
> 之本、事之始，皆此以倡先而起用，故其大莫與倫也。木、
> 火、水、金、川融、山結，靈、蠢、動、植，皆天至健之氣
> 以為資而肇始。乃至人所成能，信、義、智、勇、禮、樂、
> 刑、政，以成典物者，皆純乾之德；命人為性，自然不睹不
> 聞之中，發為惻怛不容已之幾，以造群動而見德，亦莫非此
> 元為之資。在天謂之元，在人謂之仁。〔……〕其實一也。
> 故曰元即仁也，天人之謂也。〔……〕
> 〔……〕謂人之仁即元者，謂乾之元也。自然之動，不雜乎
> 物欲，至剛也；足以興四端萬善而不傷於物者，至和也；此
> 乃體乾以為初心者也。[23]

這一段關於「大哉乾元，萬物資始，乃統天」的船山詮釋，看出
《易‧乾彖》的「乾元」，一方面是指天地大自然的生態和環境之

---

[23]　〔明〕王夫之：《周易內傳》，卷 1 上，收於《王船山全集》，第二冊
　　（長沙：嶽麓書社，1996），頁 50-51。

總體要素皆乾元的創發展顯，船山以「太和清剛之氣」之「氣」來狀此乾元乃是上天下地、由大至小、從外到內，興發湧現了無有止息的生生大化。此生生大化的乾元之發用，乃是包含著宇宙天地世界一切無機之存在以及有機之生命而成為一個整全之體，且永續生發而無停止。一方面則提示人文世界的一切禮樂道德刑政之施作，乃源創自人之仁心仁德，而此仁心仁德實際上也就是這個乾元，在天地曰「乾元」，在人心曰「仁德」，其實一也。人心以及人文之中的「四端萬善而不傷於物者之『至和』」，就是點明人與自然生態系所有生命和物種，本即和平和諧而相融洽，因為在人文已經與自然互動的環境，人發於仁義禮智四端的道德理性，才能從親親之端出發而仁民而愛物，世界之發用展現才能以太和的狀態呈示。

（二）「大明終始，六位時成，時乘六龍以御天。乾道變化，各正性命，保合太和，乃利貞。」

> 乾以純健不息之德，御氣化而行乎四時百物，各循其軌道，則雖變化無方，皆以乾道為大正，而品物之性命，各成其物則，不相悖害，而強弱相保，求與相合，以協於太和，是乃貞之所以利，利之無非貞也。以聖人之德擬之，自誠而明者，察事物之所宜，一幾甫動，終始不爽，自稚迄老，隨時各當，變而不失其正，益萬物而物不知，與天之並育並行，成兩間之大用，而無非太和之天鈞所運者，同一利貞也。[24]

於此，船山詮顯並表達了《易・乾象》以及他自己的生態多樣性及

24　同上注，頁 52-53。

其永續性之體悟，在此儒家的古典環境生態觀中，古儒著重萬物的同生共榮的精神和表現，古儒和船山都強調在乾元也就是天道的一氣創發之體中，各類物種生命均「成其物則，不相悖害，而強弱相保，求與相合，以協於太和」。這是一種追索並闡發環境生態系的和諧和平的多樣性和永續性的環境倫理。再者，個人以及群體的人文世界之最高理想境界之實現，在船山的用語，就是聖人之德化之境界，於《易·乾象》的信念中，也必須是且亦必然是相融合協同於這個太和之境的環境生態體系之中而為天地人之三而一，最終極或最原初，天地以及天地中的生物和人類，在儒家觀點，本即大化生機的一體。

　　《易》經、傳及後世晚明大儒王船山的天地人整全一體的環境生態觀，在其他儒家經典中亦有相同的文本載記。一般而言，大小戴的《禮記》，是晚周以迄漢初中國貴族以至平民的禮之文明體制的整理和記錄。它的內容亦具足儒家的敬重親近天地的環境倫理。筆者謹就《大戴禮記》的篇章〈曾子天圓〉而稍予明之。

> 參嘗聞之夫子曰：「天道曰圓，地道曰方；方曰幽而圓曰明。明者吐氣者也，是故外景；幽者含氣者也，是故內景。故火日外景，而金水內景。吐氣者施而含氣者化，是以陽施而陰化也。陽之精氣曰神，陰之精氣曰靈；神靈者，品物之本也，而禮樂仁義之祖也而善否治亂所由興作也。」[25]

---

[25]　〔西漢〕戴德：《大戴禮記·曾子天圓》，引自高明：《大戴禮記今註今譯》（臺北：臺灣商務印書館，1975），頁216。

上述所引乃曾子（曾參）告訴他的學生昔時他親聞孔子詮釋天地之道的一段話語。話語雖短，卻涵義豐富深厚，代表中國古代儒家的基本之自然生態環境之倫理觀念。

　　現在，「天圓地方」早已成為一般皆知的成語，大致上都認為天空如鍋蓋呈圓穹狀而地平線使人感覺大地似乎是四方形的結構。此種解釋可謂初步的認識，的確人在天地之中仰觀俯察，天圓地方的空間性，確是如此，除非古人能飛出地球之外，才能知天者為太空而地者實是一顆橢圓形行星。

　　因此，我們宜就此段經文之上下文脈來進行第二步的探究，經文接著有一較長的句子，正是系統地說出天地之道的意義。筆者試將經文加以分析，發現撰述《曾子天圓》的這位儒者，是依天、地以及天地之道的功能而撰文。所以，它的結構是這樣的：

1. 天道曰圓→圓曰明→明者吐氣者也→外景→火日外景→吐氣者施→陽施→陽之精氣曰神。
2. 地道曰方→方曰幽→幽者含氣者也→內景→金水內景→含氣者化→陰施→陰之精氣曰靈。
3. 神靈者：
   (1)品物之本也。
   (2)禮樂仁義之祖也。
   (3)善否治亂所由興作也。

從上面的分類和析別，我們得以明白《大戴禮記》的古儒如何以易簡之道來看待人與天地之間的關聯和倫常。

　　原來，天道之所言的「圓」，它不僅僅是空間之指示詞而已，它亦是生態的作用力，此即所謂「明」，明之狀態或動能是「吐氣」，由於其氣之韻律和功用是「吐」，因而呈現的景觀和結構則

為「外景」，在大自然的天地空間之中，最顯著的「外景」，就是「火」與「日」，此乃指古人仰觀天象時看到的太陽和火星。而此「氣之吐」稱為「施」，施的表顯就是「陽」，所以稱為「陽施」；換言之，就是陰陽大化中的陽，而陽氣中之最精華就稱之為「神」。

同樣的邏輯，地道之所言的「方」，它亦非只是空間之指示詞而已，它是生態的作用力，此即所謂「幽」，幽的狀態或動能是「含氣」，由於其氣之韻律和功用是「含」，因而呈現出來的景觀和結構則為「內景」，在大自然的天地空間中，最顯著的「內景」，就是「金」與「水」，此乃指古人俯察地理時看到的地形中的礦石和水體。而此「氣之含」稱為「化」，化的表顯就是「陰」，所以稱為「陰施」；換言之，就是陰陽大化中的陰，而陰氣中之最精華就稱之為「靈」。

基於上面的整理和說明，我們發現古儒觀察天地，明顯地以雙元性思維來理解、詮釋天地，而且以演衍之方式，建構了多重的雙元性，加以聚合而觀之，就是天與地→圓與方→明與幽→外與內→火日與金水→吐氣與含氣→施與化→陽與陰→神與靈。

如果僅僅止於此，則中國古代儒家的雙元性思維，乃是對蹠分裂的兩兩相對的天地空間和生態觀，順此發展，或許會推衍出自然氣化主義的環境論。

然而，儒家的雙元性思維卻是一種由對裂格局而趨向統一格局的辯證性思維。此即上述的第 3. 項。古代儒家認為「神靈」（也就是天地、陰陽）乃是兩大存有體的根本者、創發者，其中一個大存有體是總體萬物，也就是天地間一切生命物種的總體，天地陰陽神靈，是一切生命的根本者、創發者；其中另一個大存有體是禮樂仁

義所表顯的人文世界，天地陰陽神靈乃是這個人之禮樂仁義所在以及運作的文明世界的根本者、創發者。

　　儒家在這個地方很清楚地以自然與人文整全合一的觀點，看待天地人乃是同一本體，換言之，人在天地空間存有，他與自然生態本即和合而為同一個體系；人在自然生態的和諧韻律中，依據自然生態的法則創制施作人文的禮樂仁義。合乎此種軌轍，社會就是善治，反之，社會就會否亂。

　　在上引的文句之後，此位儒家作者就以陰陽二氣的觀點，先解釋了氣候，譬如風、雷、電、霧、雨、雪、雹、霰等現象，他認為這些氣候的重要現象，是陰陽之氣的互交相感而變化所生。[26]我們若依現代科學判斷之，當然很容易說古儒對於氣候之所解釋者，屬於前科學之臆想。但是古典對於自然氣候現象的說明解釋，顯示了古代儒家並非一往內向追索而只著意於心性論的學術派別，在此呈現了一個事實，即古代中國人非常重視氣候的風、雨、雷、電之現象，而古代儒家是一個親近大自然的思想派別。何以古中國人和古代儒家重視自然氣候？乃因氣候是農業的最直接最重要的影響因素。換言之，《大戴禮記》的這一章表現了什麼環境倫理呢？它表現了古儒的環境和生態思想與最基本的維生基盤之農業文明密切相關。

　　復次，這位儒家作者敘述四種動物以及此四種動物之精者，依

26　該段文句如此說：「陰陽之氣，各從其所，則靜矣。偏則風，俱則雷，交
　　則電，亂則霧，和則雨。陽氣勝，則散為雨露；陰氣勝，則凝為霜雪；陽
　　之專氣為雹，陰之專氣為霰，霰雹者，一氣之化也。」見〈曾子天圓〉，
　　上引書，同上注，頁 217。

次是：「毛蟲」，其精者曰「麟」；「羽蟲」，其精者曰「鳳」；
「介蟲」，其精者曰「龜」；「鱗蟲」，其精者曰「龍」。再則，
毛羽兩種蟲，是陽氣所生；介鱗兩種蟲，則是陰氣所生。對於這四
種動物的敘說，是古儒觀察研究生態系中的動物類之後的分類，算
得上是古典素樸的動物分類學。然而，這段文句卻還不只於此段，
因為，他在文句中還敘述了生態系中的一種物種－人。他說：「唯
人為裸胸而後生也，陰陽之精也〔……〕裸蟲之精者曰聖人。
〔……〕茲四者（指毛羽介鱗），所以聖人役之也；是故，聖人為天
地主，為山川主，為鬼神主，為宗廟主。」[27]聖人是裸蟲之精，也
就是並非每一個人都能夠有權柄去役用另外的「四蟲」，也不是每
一個人都可以「為天地、山川、鬼神、宗廟之主事者」。換言之，
人在天地空間之中以及生態環境裡，並非宰制者或發配者，而唯有
「聖人」能之。在儒家，聖人之「聖」，是指人之道德的心性以及
道德的施為已達到最上乘境界，在《易傳》稱呼此聖人為大人，他
的德行是「與天地合其德，與日月合其明，與四時合其序，與鬼神
合其吉凶；先天而天弗違，後天而奉天時，天且弗違，而況於人
乎！況於鬼神乎！」[28]聖人為人文界的最高道德，其心是仁心、其
行是仁德。而天地、日月則是指自然界的最高存有，其源生是乾

27　該段文句如此說：「毛蟲毛而後生，羽蟲羽而後生，毛羽之蟲，陽氣之所
　　生也；介蟲介而後生，鱗蟲鱗而後生，介鱗之蟲，陰氣之所生也；唯人為
　　裸胸而後生也，陰陽之精也。毛蟲之精者曰麟，羽蟲之精者曰鳳，介蟲之
　　精者曰龜，鱗蟲之精者曰龍。裸蟲之精者曰聖人；〔……〕。茲四者，所
　　以聖人役之也；是故，聖人為天地主，為山川主，為鬼神主，為宗廟
　　主。」見〈曾子天圓〉，上引書，同上註，頁218。
28　見《易・乾文言》。

元。鬼神則屬超越界的陰陽變化，其本質是一而二又二而一的太和清剛之氣。在這裏，其實是說天地、鬼神與人文這三界，在中國古代儒家的觀點，應屬同一本體，也就是「仁」與「元」與「氣」，根本是同一，因為就是那個根源性的同一，所以，才有聖人與天地日月以及陰陽鬼神整合為一的思想，換言之，儒家主張整全生機主義的環境、空間、生態倫理。在《大戴禮記》以及《易經傳》的經文中，都可以獲得相同的印證。

五、當代新儒家唐君毅先生
論傳統農業生活之睿智

　　我們閱讀並且詮釋了儒家的相關典籍，從其中應可明白，古代儒家的天地空間以及自然生態的倫常觀，是人們生活在天地之中乃是一種與自然環境生態親近地照面、相融的即人文即自然的一體關係。在中國儒家經典中即自然界即人文界的人地關係的本體宇宙論之文句以及在這種文句裡面顯露出來的環境倫理，當然不可能生發在古堡、宮庭或都市的街道和建築的空間生態中。相反地，它是頭上就是頂著藍天而腳底下就是踩著沃土，經過實質的勞動生產之後，蘊藉而生的常道慧命。

　　讓我們讀讀唐君毅先生的文章。唐先生談及中國的傳統農業生活：

> 中國數千年民間生活，以農業為主。農業之生活，一方使人須盡人事以俟天，一方則以得具體之稻粱等實物為目的。人業農則須定著而安居，故自然易養成安於現實之「向內的求

自盡其力之精神」，並易有一天人相應之意識，而對具體事
物有情。〔……〕農業生活，對人最大之啟示，則使人生在
世界更有一實在感，並時有一無生物上升於生命之世界之意
識。[29]

中國傳統農民必勤奮於農耕的人事，他們必然是質樸而認真工作的
人民，同時，他們由於農作物之密切關聯於自然環境的各種狀況，
所以高度地依賴於天地而對之擁有深情，再者，農民需遵循春耕夏
耘秋收冬藏之四季循環規律，因此，他們的空間是定著穩固而安土
重遷的，於是，中國傳統農民的日常生活及其心靈乃趨向於內省而
自我認同和肯定，同時，對於天地常存同一之感應以及和合之意
識。且更重要的特色即農作物從動物之屍體、植物之殘枝敗葉以及
許多動物的大小利便等等無生命中加以轉化而上升到生命世界之
中，這樣的生活，使農民能夠在其生活和工作中體證到生命和生機
在大自然界中的創發，因而多能敬天地且重生命。唐君毅先生又
說：

與崇敬天地之宗教精神及愛物惜物游心自然之精神相連者，
為鄉土之情誼。〔……〕土地雖是物質，然人所感土地之氣
息，與對土地之情誼，則非物質。〔……〕中國傳統之農業
生活中，人所接觸的，乃是能滋養生命孕育生命，包含生機

---

[29]　唐君毅：〈中國人間世界——日常生活社會政治與教育及講學之精神・中
　　　國人在自然界之農業生活與其精神涵義〉，《中國文化之精神價值》（臺
　　　北：正中書局，1969），頁249。

的土地。〔……〕農業生活對人生之啟示,主要者有四:

(1)在農業生活中,人一方覺其有支配控制自然之力,一方亦覺自然界之每一植物之種子,有人所不能改變之性。又氣候與天時,亦非人力所能控制。由此而人自能節制其對自然之權力欲,同時培養出人與自然或人與天之相輔相成相和協之意識,由此以生出天地對人為有情之直覺。〔……〕。

(2)每一種子本身,有其自性,有其潛伏而要生長發育出的芽、葉、花、果等形式,為其生長發育之事所將表現。此遂使我們可以於一種子看出生機,看出將自種子內部開展出一切。〔……〕我們在植物中,看見一生機,看出一自內向外開展之生命歷程,我們即可轉而啟發、印證我們自己之生機。〔……〕。

(3)在農業之生產意識中,包含一「不可私有不可佔據之天地之肯定」的意識。人在田野,常見大地之連綿不斷,天上日月星之運轉不已,太虛之遼闊無極,人於此不僅開擴了心胸,同時亦自然減少了向外逐取,對客觀世界物加以私有佔據之心。〔……〕人只有常常面對在原則上不可私據之天地,方能常廓然忘我,無私心之可起。〔……〕。

(4)農業生活使人在空間中,必需有定居之所。〔……〕人安定於空間時,其所注目者,將是切近空間中之一定事物在時間中之變化,與變化中的恆常。他之時間意識中之時間,不僅具備變化性,且具備綿延性、悠久性,乃有真正之時間意識、歷史意識。〔……〕遂能在其個人生活上,愛惜過去之生活,回味過去之生活,以迎接當前或未來之生活,而感到生活意味之深厚;在人倫關係中,更能追慕祖宗之生命,

> 體念祖宗之意志，以愛護子孫之生命，而感到生命意義之悠
> 久；在學術文化上，求上繼古人之精神，下開來者之先路，
> 而了解人類文化之連綿不斷，實互初終為一體，而自然更望
> 其悠久存在。[30]

唐先生是一位道德理想主義之儒家，他論中國傳統農業生活，或許
會有人批評太過理想化，將中國的傳統農業生活說得太美好、太烏
托邦。筆者多少也同意，因為唐君毅先生之人品乃宅心仁厚，他認
同肯定並且信仰中國文化歷史以及傳統價值，因此之故，他筆下的
中國，總是從正面去予以詮釋、闡揚，所以呈現的是往聖先賢、列
祖列宗的光明面。然而，無論中國的傳統農業生活亦存在幽暗的層
次和面向，我們卻毫不懷疑唐先生之論中國的傳統農業生活，的確
是中國儒家肯定發揚提倡的環境倫理，而且儒家的環境倫常思想，
從這樣的中國傳統農業生活的深厚博大之土壤裡長養出來，毋寧是
十分自然的事情。在儒家所認同的中國的傳統農業生活中，人們得
到空間之棲止以及生態之和諧，如此，人才可能與天地親近；與生
命生機親近；與家人以及周遭的人們親近，同時，與他自己親近。

六、結論

如同本文論述的，現代化下的工業化和都市化，影響所及，地
球上還有大地土壤中完全沒有工業產品或藥物、毒物的農田嗎？儒

---

[30] 唐君毅：〈中國人之日常的社會文化生活與人文悠久及人類和平〉，《人
文精神之重建》（香港：新亞研究所，1955），頁 511-515。

家標榜、實踐以及堅持的中國傳統有機農耕文明，還有它應該有的大地可提供晴耕雨讀的美麗道德的生活嗎？我們悲觀地且客觀地認為，這個傳統的大地以及對待此種大地的倫理，恐怕已經消散。另外，譬如以臺灣的農業就業人口數而言，其佔總就業人口之比率，以 2004 年的統計是 6.6%，同時，這個比率甚低的農業就業人口之中還包括非農耕的其他一級產業，又何況現在的水稻農業，早已屬於現代農業的一個小小的部門，其二級和三級產業的性質早已令臺灣的水稻農業脫離了傳統的灌溉式自給自足的漢人農業文明。

　　因此，基本上，儒家的傳統環境與空間倫理，在現代性籠罩宰制的現代，它早就喪失了它的天地、環境以及生態。

　　可是，如同全球其他大教共同的憂患，當代的環境危機以及人類困境，在現代性中不可能找到對治的藥方，因為當代全球生態面臨巨大的崩毀，人類存在之價值亦已急速敗落，實乃現代化資本主義自己的生活方式之產出，換言之，「現代」的結構與內容，其運行之引擎恐怕已到破壞失效之時日，已不遠矣。

　　由於「現代」之自己提不出自我醫療的有效方法，而且也不存在「未來式的醫生和醫藥」，人類唯有從現代回歸傳統；回歸傳統而邁向後現代。

　　因此，中國古代儒家的天地人和諧一體的環境和空間思想，實可透過體制的教育管道實施儒家的經典教育，再者，在市民社會，宜有當代都市人自發的結社，在民間，透過經典教育給非鄉民非農民的廣大都市人傳統的天地人同體整全生機觀的心靈啟蒙運動，是的，現階段，必要進行都市內的廣大都市人的心靈啟蒙之經典教育，是當務之急。同時，如何維持鄉村的傳統生態和空間之美善以及鄉村社區的和諧之生活倫常，是甚重要的護持任務。

本文初稿是筆者參加臺大人文社會高等研究院主辦的學術會議提交的論文，後經審查通過而收入林建甫教授主編：《全球化時代的王道文化、社會創新與永續發展》（全球在地視野叢書 07）（臺北：國立臺灣大學出版中心，2013.04），頁 73-100。

貳　當代世界環境危機 與人類空間困境的儒家關懷

一、前言

因為現代化的全球化效應，當代世界環境生態和人之生存空間，已陷入相當嚴重的危機與困境。中國儒家的古典天人倫理，發自中國傳統有機農業文明，其有人與大地的和諧生態觀以及寬和的空間觀，而且並如此實踐。面對當代的環境危機和空間困境，吾人可溯源中國古代儒家的經典，予以詮釋，其中之環境和空間智慧，或可提供今人思考環境和空間的生存狀況之解救之道的一個儒家式之參考。

二、環境危機與空間困境

當代世界的環境危機和空間困境，已是事實，自「現代化」（modernization）起始，逐年愈顯嚴重。然而世人並未有所警覺而有所對應。西元 1972 年，「羅馬俱樂部」（the Club of Rome）作出了一份生態環境的報告書，名為 *"The Limits to Growth"*（中譯《成長的極限》），提出五種重大的全球性環境趨向：(1)工業化加速進行，(2)

人口劇烈增加，(3)營養不良普遍發生，(4)非更生資源日趨枯竭，(5)環境持續惡化。[1]它宣稱五大趨向並非以獨立形態而是以互動交纏的方式影響地球。若到二十一世紀中葉沒有改進，則環境危機和困境，勢難挽轉。[2]

　　四十年倏忽而逝，環境生態持續惡化。

　　最近，環境史家隆納‧萊特（Ronald Wright）指出戰後宰制各國的共產主義和資本主義都是物質主義的烏托邦，前者對自然環境的開發和剝削，一點都不手軟，但它至少提出全體人民平等分享物質的觀念；後者卻像引誘賽狗向前跑的機器兔一般，誘惑著人類向前狂奔，並且蠱惑地宣傳經濟資源沒有極限，人們不需平等分享。全球人類無論何種主義，都陷溺在物質和欲望中奔逐至死，使環境生態成為澈底的輸家。[3]從蘇聯崩潰以及中國改政以來，共產主義式微，資本主義成為全球壟斷式的文明體制，其製造出來的環境危機和空間困境更加深刻化、全面化。

　　隆納‧萊特講出一段發人深省的警語，他說：

> 那些曾在年輕時遠行，在二、三十年後又回到老地方的人，一定能察覺到「進步」的猛烈攻擊：農田變郊區、叢林變牧場、河川蓋水壩、紅樹林成了養蝦場、山區變成水泥開採場或是珊瑚礁搖身變公寓。

---

[1]　D. H. Meadows, D. L. Meadows, J. Randers, W.W. Behrens III：《成長的極限》（朱岑樓、胡薇麗中譯，臺北：巨流圖書公司，1973.10），頁 6。

[2]　同前注。

[3]　隆納萊特（Ronald Wright），*"a Short History of Progress"*（《失控的進步》）（達娃中譯，臺北：野人文化公司，2007.02），頁 184。

至今人類仍然擁有各種不同的文化與政治體系，但在經濟層面上，我們只能算是一個龐大的文明體系，以整個地球的自然資本為生。我們四處伐木、四處捕魚、四處灌溉、四處建設，生物圈中沒有一個角落能躲過我們這種大量出血性的耗損。自七十年代以來，全球經濟成長了二十倍，這意味著幾乎沒有一個地方能夠自給自足。〔……〕當崩壞再度發生時，這次將會是全球性的，〔……〕世界各地的文明將整體崩解。[4]

隆納・萊特的警語告訴世人，運行數百年之久的「現代化」，特別在最後這一個世代，已經讓「進步」（advancement）和「發展」（development）侵吞質變了自然的地球；地球已經不再自然，同時，人類對於自然地球的盜取豪奪，已非在有限的區域中發生，而是交互作用下的全球化現象（globalization），換言之，人的現代化文明對於自然地球的生態環境之破毀與斲喪，乃是全球性的。

　　隆納・萊特說地球環境生態的大崩解之來到，可能只剩大約十年時間，如果在這十年內，人類的生活方式以及文明方向，若不扭轉，未來的「一個世代」，全球的饑荒、無政府狀態以及戰亂，恐將無法避免。[5]

　　或許評者又會質疑說這樣的悲觀論點只是一種灰色偏見。實則不然，因為當代不少有識之士幾乎都持有共同的結論。賈德・戴蒙（Jared Diamond）在其著作《大崩壞──人類社會的明天》

4　同前注，頁 184-185。
5　同前注。

（*COLLAPSE – How Societies Choose to Fail or Succeed*）中，提到當代世界最嚴重的十二種危機或困境，它們是：

1.　加速破壞自然棲地如森林、濕地、珊瑚礁、海底等。或將自然棲地改變成人造棲地，如城市、鄉村、農田、牧場、道路等。

2.　野生魚類資源形將枯竭。

3.　很多野生物種和基因多樣性，已經消失。再過 50 年，將大多數消失。

4.　農田土壤急速流失，流失速率約是生成速率的 10 倍到 40 倍；侵蝕速率更是森林土壤的 500 倍到 10000 倍。除此之外，還有土壤鹽化、肥力喪失、酸化等污染和破壞現象。世界農地約有20%-80% 已經嚴重破毀。

5.　石油、天然氣的目前儲藏，將於半個世紀內用罄。

6.　全球淡水資源明顯趨向枯竭，地下水層消失甚速。

7.　光合作用甚有限，1986 年，學者算出全人類已耗費地球光合作用能力的一半。由於人口不斷攀升，21 世紀中葉，陽光帶來的能量幾乎被人類用盡，剩餘一點，才留給自然界植物。

8.　工業產生的有毒物質大多數是科技合成物，持續地排放在大氣、海洋、河湖、地下水、土壤中，也被動植物吸收入體內。污染和毒化，是全面性的，包括自然生態、社會層面以及人的生理、心理狀態。

9.　外來物種的入侵，造成本地生態環境的無可轉移的變化和破壞。

10.　人類科技和工業活動，破壞臭氧層，導至溫室效應而使地球逐漸暖化。

11.　世界人口不斷增加，全世界人口已達六十億。

12. 世界六十億人口形成地球生態環境很大很高的壓力。[6]

上述的環境危機和困境已經非常繁複、全面。更令人擔心的卻是此十二種危機環環相扣、層層互動，而使情勢愈加嚴重複雜且難以解決。賈德‧戴蒙說：

> 上述十二種資源短缺的問題勢必在接下來的幾十年間影響我們的生活。〔……〕在二十五年內，也許只有亞馬遜盆地和剛果盆地部分雨林逃過一劫。在未來的幾十年內，〔……〕世界剩下的海洋魚類也將被捕撈一空或者滅絕；可供使用的石油和天然氣儲量也將用盡；光合作用的能力也將到達上限。在半個世紀內，全球暖化也會愈來愈嚴重，預計氣溫將再升高攝氏一度或好幾度，許多野生動植物物種也將瀕臨絕種，〔……〕。[7]

這絕非危言聳聽，因為全球生態環境已經發生了明顯的異變情形，且頻率和規模均有上升的趨勢。而賈德‧戴蒙再三呼籲：「不管用什麼方式，在今日的孩子和年輕人有生之年，世界的環境問題都必須解決。」[8]否則生態和文明必定崩壞。

以上所述，主要指出自從人類啟動現代化，亦即啟動工業化（industrialization）的巨輪往前衝以後，全球環境情況就每下愈況，其

6　賈德戴蒙（Jared Diamond），*"COLLAPSE – How Societies to Fail or Succeed"*（《大崩壞——人類社會明天》）（廖月娟中譯，臺北：時報文化出版公司，2006.01），頁 557-566。

7　同前注，頁 567。

8　同前注，頁 568。

速度愈快、規模愈大,且狀況愈來愈嚴重。從生存空間或棲息場所之觀點言,就是包括人類在內的一切生命的安居之空間(space)或場所(place)已經漸次傾頹敗壞而恐怕將失去基盤以致無法生存發展。

三、現代化都市空間的困境

環境的危機主要是現代化的工業文明引發的情勢。工業生產必須具有空間聚集性,也就是工業區位(location of industry)之形成,而這也是大量人口移入聚集的空間,因而發展出現代意義下的都市(city, urban)。現代化都市往往是工業的生產基地,是第二級產業中心,同時也是工業產品的消費市場,亦即是第三級產業中心。工業化以後,二級產業和三級產業與都市空間疊置交纏而為一體。在都市的空間系統裏面,人口、物品、資源、能量和資訊不止息地且繁複地流通,甚至已經不分白天晚上,也就是打破了自然的作息律則,沒有停止地運行在人為的空間結構中。

都市化也就是自然生態的衰敗和破毀。常常是都市的腳到那裏,那裏就消失自然空間而轉變為人為空間。生態美學家魯樞元描述他在某個華南濱海的大都市的經驗,他說此城是「人們砍去林莽、挖掉崗巒、填平海灣、修建馬路、蓋上高樓」而在原本「一片靜寂的荒原」上建造起來的現代化都市。[9]如此現代化式地建造新城,絕對破壞生態環境,當地的原初自然性,必然一去不復返。魯

9　魯樞元:《生態批評的空間》(上海:華東師大出版社,2006.09),頁18。

氏說到這個新都市的空間內容是這樣的：「星河般燦爛輝煌的霓虹燈、高射燈，密集的飛馳而過的轎車、摩托車，琳琅滿目堆積如山的各類商品貨物，撲面而來的濃烈的汽油味、燒烤味、脂粉味、汗漬味，使我真切感覺到『高物質』、『巨能量』在這個都市中的飛速流動。這一巨大的物質能量晝夜不息地在兩極間湧流：一級是公司、銀行、股票、期貨、談判、合同等所謂『生意場』，一級是餐廳、酒吧、桑拿、夜總會、游樂中心、三陪小姐等所謂『娛樂場』；一端是慘淡經營，一端是恣意享樂。」[10]

鄧小平始施新政以來，現代化都市化運動如狂飆一般地襲捲全中國，由上引魯氏對這個華南濱海新興大都市的形容和描述，我們看到了高度資本主義消費享樂主義的人之物化現象，這就是現代大都市文明的人與環境的關係，即：人們大量集聚在一個很有限的高度人為的空間，卻以大規模的動態形式而耗費著地球的資源，同時，依據「熵」的定律，也就大規模地破毀、污染了生態環境。

此種形態的都市生活是怎樣的內容？魯樞元說：

> 高科技、高效益、高消費使現代都市人能夠挾帶著巨大的物質能量高速運轉，貨幣的溝通取代了心靈的溝通，電磁波的聯繫取代了骨肉親情的聯繫，操作的成敗掩遮了人格的優劣，性的商品化取代了愛在情感渠道中的昇華，電子遊戲機與卡拉 OK 廳的普及取代了圖書館與博物館，純淨的宗教信仰已蕩然無存，僅存的是店堂後壁趙公元帥神龕前的炎炎香

10　同前注，頁 18-19。

火，那信條也只剩下了「快快發財、多多發財」。[11]

魯氏的描述，固然偏向一邊而作較嚴厲的批評，現代化都市中，當然亦有心靈、親情、圖書館、博物館以及純淨的寺廟教堂，可是，他提到的那種種都市人之物化、異化而心靈虛無、精神枯竭的文明生態病症，卻在全球各大都市中比比皆是，且其趨勢愈來愈盛，是世人除了已然面臨本文前述的十二大項生態環境的危機之外，還必須設想如何加以解除的現代化都市人為空間之深切困境。

四、中國傳統農業文明的人之空間

中國是以精耕細作的傳統農業為基盤的文明國家。農耕大地呈現出來的人文空間，是中國人長久習焉愛焉的世界，中國人非常重視其農耕，在古代儒家經典中，敘述農耕的文章甚重要。本文茲舉《詩》、《書》的篇章以明之。

《詩·國風·豳·七月》是一首豳國農民的生活及上下協和的詩。[12]豳是周人遷居岐山之陽之前的國家。朱子《詩集傳》有曰：

豳，國名，在禹貢雍州岐山之北，原隰之野。虞夏之際，棄為后稷而封於邰。及夏之衰，棄稷不務，棄子不窋，失其官守，而自竄於戎狄之間。不窋生鞠陶，鞠陶生公劉，能復修后稷之業，民以富貴。乃相其土地之宜，而立國於豳之谷

11　同前注，頁 19。
12　余培林：《詩經正詁》（上冊）（臺北：三民書局，1999.03），頁 433。

焉。十世而大王徙居岐山之陽，十二世而文王始受天命，十
三世而武王遂為天子。[13]

周之賢王公劉在豳立國，故朱子稱之為豳國，其實它就是文武建立
的周朝的前身。由其中所謂「公劉能復修后稷之業，民以富貴。乃
相其土地之宜，而立國於豳之谷焉。」來看，豳國乃是一個土地適
宜發展農業的環境，周之先世之民在此區，從事農業，恢復了他們
第一世祖后稷的農耕文明。

〈七月〉[14]之詩甚長，共有八章，不憚其文之長，謹錄於下：

七月流火，九月授衣。一之日觱發，二之日栗烈；無衣無
褐，何以卒歲？三之日于耜，四之日舉趾。同我婦子，饁彼
南畝，田畯至喜。

七月流火，九月授衣。春日載陽，有鳴倉庚。女執懿筐，遵
彼微行，爰求柔桑。春日遲遲，采蘩祁祁。女心傷悲，殆及
公子同歸。

七月流火，八月萑葦。蠶月條桑，取彼斧斨，以伐遠揚，猗
彼女桑。七月鳴鵙，八月載績。載玄載黃，我朱孔陽，為公
子裳。

13　〔南宋〕朱熹：《詩集傳》，《朱子全書》，第一冊（朱傑人、嚴佐之、
劉永翔主編，上海：上海古籍出版社，2002），頁529。

14　《詩·國風·豳·七月》。

四月秀葽，五月鳴蜩。八月其穫，十月隕蘀。一之日于貉，取彼狐狸。為公子裘。二之日其同，載纘武功。言私其豵，獻豜于公。

五月斯螽動股，六月莎雞振羽。七月在野，八月在宇，九月在戶，十月蟋蟀入我床下。穹窒熏鼠，塞向墐戶。嗟我婦子，曰為改歲，入此室處。

六月食鬱及薁，七月亨葵及菽。八月剝棗，十月穫稻。為此春酒，以介眉壽。七月食瓜，八月斷壺，九月叔苴。采荼薪樗，食我農夫。

九月築場圃，十月納禾稼。黍稷重穋，禾麻菽麥。嗟我農夫，我稼既同，上入執宮功。晝爾于茅，宵爾索綯，亟其乘屋，其始播百穀。

二之日鑿冰沖沖，三之日納于凌陰，四之日其蚤，獻羔祭韭。九月肅霜，十月滌場。朋酒斯饗，曰殺羔羊。躋彼公堂，稱彼兕觥：「萬壽無疆」。

余培林指出此詩是十五〈國風〉中之最長之詩。他說：

全詩以寫衣食為主。前四章多言衣，後四章多言食。一章兼言衣食，為一詩之綱領。二三四章或言採桑，或言績麻，或言為裳，或言為裘，皆寫衣事也。五章言居。六章以下，則

皆言食事矣。[15]

依此，公劉領導其民於豳國展開農業，其重點就是提供民生基本維生之用的衣和食之兩大項目。重視農業而獲得充分的衣食，在孟子亦有相同的思想，孟子向諸侯王提出來的仁政王道之基本建樹就是黎民百姓的衣暖食足。他說：

> 五畝之宅，樹之以桑，五十者，可以衣帛矣。雞豚狗彘之畜，無失其時，七十者，可以食肉矣。百畝之田，勿奪其時，數口之家，可以無饑矣。謹庠序之教，申之以孝悌之義，頒白者，不負戴於道路矣。七十者，衣帛食肉，黎民不饑不寒，然而不王者，未之有也。[16]

桑葉養蠶而能織帛布，五十歲以上的長者就可以有保暖的衣服禦寒，為政不妨害農家畜養家禽家畜，七十歲以上的老者，平時就可以常有肉類補足營養而得到體力。再有最基本畝數的私田得以依時而耕耘，如此，則農民的家人都有足夠的米糧而不至於饑餓。這樣既有衣亦有食的政治，孟子說就是王道。換言之，衣食足是政治之根本之良性，在《詩》以及《孟子》，都有共同的主張。余培林又說：

> 每章皆以紀月開頭，如《禮記‧月令》，而夏曆、周曆兼

15　同注 12。

16　《孟子‧梁惠王‧第三》。

用，變文取新，益增其姿采。一章曰：「九月授衣。」此上愛下也；四章曰：「獻豣于公。」末章曰：「躋彼公堂，稱彼兕觥，萬壽無疆。」此下愛上也；一章曰：「同我婦子，饁彼南畝。」此妻愛夫也；五章曰：「嗟我婦子……入此室處。」此夫愛妻也；三章曰：「我朱孔陽，為公子裳。」此女愛男也；四章曰：「取彼狐狸，為公子裘。」此壯愛少也。上下親愛和睦，使人如見豳國淳樸之風、豳民忠厚之意，至今猶在也。有風化如此，欲其不王也，亦難矣。[17]

在這裏，余氏復指出豳國農民既能依時令而耕作而有所豐收之後，衣食無缺，於是詩句歌詠上下和睦、教化淳厚之豳國的政教社會風氣。而此其實亦是孟子對諸侯王提示的仁政王道的重點，孟子對梁惠王說不違時而讓魏國人民衣食無缺之後，必須：「謹庠序之教，申之以孝悌之義。」[18]農民基本生活的物質條件充足，則應給予道

17　同注 12，頁 433-434。

18　同樣的道理，孟子不止對梁惠王說，他也對齊宣王說了。他勸諫好戰的青年齊宣王曰：「今也制民之產，仰不足以事父母，俯不足以畜妻子。樂歲終身苦，凶年不免於死亡。此惟救死而恐不贍，奚暇治禮義哉。王欲行之，則盍反其本矣。五畝之宅，樹之以桑，五十者可以衣帛矣。雞豚狗彘之畜，無失其時，七十者可以食肉矣。百畝之田，勿奪其時，八口之家，可以無饑矣。謹庠序之教，申之以孝悌之義，頒白者不負戴於道路矣。老者衣帛食肉，黎民不飢不寒，然而不王者，未之有也。」此段話語幾乎與對梁惠王所說的完全一樣。見《孟子·梁惠王》。可證富民而後教民的，在大地上面從事永續的農業來使黎民百姓衣食無缺之後，以富足的物質生產經濟為基礎，進行仁義之道的道德倫理教育，是孟子的仁義型政教觀的核心。

德倫理的教化。這就是儒家仁政仁教合一的政治觀，同時有合宜的自然環保，也有上遂的人文素養；自然生態和人文生態是一體的。

朱子就〈七月〉之詩，也敘說其觀點：

> 〈七月〉八章，章十一句，〔……〕王氏曰：仰觀星日霜露之變，俯察昆蟲草木之化，以知天時，以授民時。女服事于內，男服事于外。上以誠愛下，下以忠利上。父父子子，夫夫婦婦，養老而慈幼，食力而助弱。其祭祀也時，其燕饗也節。此〈七月〉之義也。[19]

其實，〈七月〉之詩，誠如朱子此中引王氏之言，就是顯示了豳國農民依據天時季節而能「仰觀星日霜露之變，俯察昆蟲草木之化」，如此而能遵循自然環境的生態，從事衣食相關的農業。

五、空間生態的古儒觀點
——以《大戴禮記》為例的詮釋

上章引述《詩‧豳風》的〈七月〉，可以明白中國農民以其人文而高度配合天時，由此發展的中國傳統生活方式之文明觀，成為儒家重要的空間思想和實踐。上古儒家經典多有天人整合且和諧的空間生態觀。茲取《大戴禮記‧易本命》予以詮釋。

> 子曰：「夫易之生，人、禽、獸、萬物昆蟲各有以生。或奇

19　同注 13，頁 534。

或偶，或飛或行，而莫知其情，惟達道德者，能原本之矣。」[20]

此章句言「易」，就是《易經傳》所說的「易」，在《易繫辭上》有曰：「生生之謂易」，[21]又有曰：「天地之大德曰生。」[22]換言之，上古儒家認為天地之本性就是生長一切生命，包括人類、鳥獸、昆蟲以及生物界之一切存有，他又說所有生物，有的是飛的，有的是走的；有些喜於成群，有些喜於單獨，但我們很難在知識上明白其中原因和內容，而唯有通達天地宇宙之大道的聖人才能追到生生大德之終極原理吧！由此，我們看出來在中國上古，儒家已經通過其經驗的觀察而以天地為一個大空間，且看出這個天地之空間是會生養一切生物的，同時，他也點出生物的飛或行、群或單，此即生態或生物之見聞之知的初步分類。然而，畢竟是在古老的時代，所以，科學的生態學和生物學，未能發生，這些認真觀察天地空間而看出生生之自然律的儒家，並不能明白生態和生物的結構性客觀性而建立知識體系，因此以為唯有聖人能知。

雖然如此，在本篇中卻也表現出古代儒家對於天地之間的生態生物的某種程度的理解。

---

20 見：《大戴禮記‧易本命第八十一》，取自高明譯註：《大戴禮記今註今譯》（臺北：臺灣商務印書館，1993.06），頁513。

21 《易‧繫辭上，第五章》：「〔……〕富有之謂大業，日新之謂盛德，生生之謂易，成象之謂乾，效法之謂坤。〔……〕陰陽不測之謂神。」

22 《易‧繫辭下，第一章》：「〔……〕天地之大德曰生，聖人之大寶曰位，何以守位曰仁，何以聚人曰財，理財正辭禁民為非曰義。」

> 鳥魚皆生於陰而屬於陽，故鳥魚皆卵；魚游於水，鳥飛於
> 雲。故冬燕雀入於海，化而為蚧。[23]

鳥魚皆屬卵生，古儒通過觀察知道，但以陰陽之氣的哲學來說明鳥魚之屬性，則屬於古中國人的陰陽五行說的玄理而非實證科學，且他們也在冬天時觀察到燕雀在海平面上飛上飛下，但他們說燕雀轉化成蚧，那就是雖然著重觀察但卻得出不對的結論，表現了古代儒家的前科學但非正解的情形。雖然有其錯誤，但卻充分反映古代中國儒家在農業文明的基礎和氛圍中，培養用心向空間上下四周的環境中透過官能之觀察和記錄而對生存的空間之生態和生物發生某種程度之認識和判斷。對於許多自然物的性質，有其判別，於今來看，無論正確與否，皆顯示中國古代儒家對天地空間之中生態的關懷和重視。譬如同一篇經文對於「萬物之性各異類」[24]是如此敘述的：

> 蠶食而不飲，蟬飲而不食，蜉蝣不飲不食，介鱗夏食冬蟄。[25]

此句是以動物的飲食來說明生物的生態性，他認為蠶只吃葉而不飲水，蟬只飲水但不吃，蜉蝣則不吃不喝，介殼類和鱗甲類的動物則是在夏天吃食，但在冬天是就蟄伏睡眠。由此，我們發現古代儒家其實是十分認真地進行了生物生態的觀察和記錄，他的說法有其正

23　同注 20，頁 518。

24　同上注。

25　同上注。

確性，但亦顯示觀察的過程之不完整性，因為相類似的昆蟲類生物其實不止於蠶、蟬、蜉蝣而已，而他所說的夏食冬蟄之生態現象，就是有些動物會冬眠，但是不止於介鱗類，如熊是哺乳類動物，也是冬眠的。惟無論如何，撰述這篇文章的儒家，真的顯示他對於周遭空間的動物之生態的關心和細心。

> 齕吞者，八竅而卵生；咀嚼者，九竅而胎生。[26]

什麼是「齕吞」？孔廣森云：「喙啄曰齕。」這是指禽類，因為禽鳥吃東西是用喙啄而囫圇吞的；什麼是「八竅」？高明說：「兩眼、兩耳、兩鼻孔、一口、一洩殖腔，合而為八竅。」[27]這是禽鳥類的感覺、生殖、排洩器官，是卵生的。什麼是「咀嚼」？《淮南子》作「嚼咽」，清儒王聘珍引盧注云：「人及獸屬。」[28]因為人類或獸類吃東西是將食物放進嘴裏，而用牙齒、舌頭、嘴唇配合起來咀嚼食物，等其爛了之後才吞咽下肚的。什麼是「九竅」？高明說：「於八竅中之洩殖腔分而為泌尿生殖為一竅，通便排洩另為一竅，合而為九。」[29]這是人獸類的器官，是胎生的。由此所述，看出古儒對於卵生鳥類和胎生哺乳類的動物之外顯的器官之觀察認知，其心是從經驗而著重建立「見聞之知」，重視生存空間的生命之客觀構造的存在。

---

[26]　同上注。

[27]　同上注，頁519。

[28]　〔清〕王聘珍：《大戴禮記解詁》（臺北：漢京文化事業公司，1987.10），頁258。

[29]　同27注。

> 四足者無羽翼，戴角者無上齒，無角者膏而無前齒，有角者
> 脂而無後齒。[30]

此句是觀察獸類而有的生物生理之記錄。其曰四足之獸類不是鳥
類，故無羽翼翅膀，長角的獸類，上顎就不會長牙齒；沒有角的獸
類，都肥腴而沒有銳利的門牙；有角的獸類，較少肥肉而沒有尖銳
的犬齒。其實，獸類的頭上有無長角，與其壯肥或瘦小、有齒無齒
等，不必然有如上所述的關係。譬如貓科犬科的猛獸，如獅虎豹
狼，何嘗頭上長角，但其牙齒皆銳利如刀刃。由此可知上古的儒家
之生物生態的觀察，不見得正確，這可能是沒有發展解剖的分析而
只是依據眼睛的觀看之素樸的經驗。然而，他卻必有一種心性，那
就是樂於關心並察看生活空間的種種生命，並且有所接近，才能從
天上到地上，而進行了自然生物生態之認知，並且形之為文字，初
步地作了類似科學的觀察演繹法的探索。

　　同一篇文章，這位古儒寫了一段句子：

> 堅土之人肥，虛土之人大，沙土之人細，息土之人美，耗土
> 之人醜。[31]

「堅土」是指堅厚的土地；「虛土」的「虛」，就是「墟」，也就
是丘陵臺地；「沙土」是指沙漠或沙灘之地區；「耗土」則是指荒
涼貧瘠的土地惡劣的地區。此句先說人與土地的關係，作者認為人

30　同上注。

31　同上注，頁 520-521。

與環境是有因果關係的，所以在有堅厚土地上面生活的人肥壯；在丘陵臺地上面生活的人高大；在沙漠沙灘的區域生活的人瘦小；在肥沃土地上面生活的人美麗；在土質荒涼貧瘠的地區生活的人醜陋。這是典型的「環境決定論」（environmental determinism）的觀點，也就是以地理環境空間為因，而在此地理環境空間的人文之狀態為果。

　　然而，上古儒家並非消極的環境決定論者，而是很明確地表達了環境生態的保育觀念。經文曰：

> 帝王好壞巢破卵，則鳳凰不翔焉；好竭水搏魚，則蛟龍不出焉；好刳胎殺夭，則麒麟不來焉；好填谿塞谷，則神龜不出焉。[32]

帝王是統治階級或貴族階級，他們不需耕種，故不知大自然生態永續保育的重要。古代儒家其實發現統治階級和貴族階級為了玩樂嬉獵，經常會壞巢破卵、竭水搏魚、刳胎殺夭、填谿塞谷。換言之，經常大肆殘殺生命物種、破毀生態環境。此篇文章出品時，陰陽家的天人感應說實已流行，古代儒家當然有濃厚的陰陽五行的天人感應之思想觀念，所以，他會說統治者以及貴族們如果違逆天倫而施暴於自然生物和生態環境，則上天必降其嚴懲，於是鳳凰不翔、蛟龍不出、麒麟不來、神龜不出。此所謂「鳳凰」、「蛟龍」、「麒麟」和「神龜」代表羽、鱗、毛、甲等四類生物的最高者，當然是一種神聖性的想像，而其等作為吉祥象徵，不會出現於暴君殘酷之

32　同上注，頁 523。

國度，國家的總體生態得不到天之護佑，顯示大災難就將降於此天地空間之中，國必將淪亡。

> 王者動必以道，靜必以理；動不以道，靜不以理，則自天而不壽，訞孽數起，神靈不見，風雨不時，暴風水旱並興，人民夭死，五穀不滋，六畜不蕃息。[33]

道者「天道」，理者「天理」，王者就是仁王聖王，即能以德而王天下的堯舜型之君王，儒家主張仁義愛民之政，必然尊重遵循天地之大德而實踐生生不息的永續政治。在生態永續的仁政中，人與生物方能和諧生長，否則就會如此段經文所言的「自夭而不壽，訞孽數起，神靈不見，風雨不時，暴風水旱並興，人民夭死，五穀不滋，六畜不蕃息。」

《大戴禮記·易本命》以此為其結論，由此看出上古儒家對於為政者對於天地空間之環境生態是否注重，他是很關切的。為政不能不密切留心人民和國家的生存空間是否合乎生生之道的永續性。否則就不是王者，就沒有資格居於君位。

六、仰觀俯察的空間生態關懷

從上兩章引述儒家古典可以了解儒家遠從上古就已從中國的農耕文明而發展出要求生態永續的生存空間思想。在另外的經典中，空間性語言更加明顯，對於生存空間的實證性之認知以及護持，是

---

33 同上注。

古代儒家政治思想中的重要觀念。筆者嘗著一篇論文〈由地理學觀
念系統看《尚書》的地理識覺〉，已經剋就《尚書》而詮釋了上古
中國人的生存空間生態觀念，其對上下和東南西北的空間向度架
構，已顯示了相當深刻的治理之意識。[34]在此，仍然將相關章句以
及注解陳列於下：

> 乃命羲和，欽若昊天，曆象日月星辰，敬授民時。（《尚
> 書·堯典》）
> 曾運乾注釋：《國語·楚語》云：少昊之衰也，九黎亂德，
> 民神雜揉，不可方物。顓頊受之，乃命南正重司天以屬神，
> 命火正黎司地以屬民。〔……〕韋注云：重黎之後為羲和；
> 鄭君亦謂堯育重黎之後羲氏和氏之賢者，使掌舊職天地之
> 官。〔……〕順天以求和，〔……〕稽四者之度，象四者
> （按即日月星辰）之行，以審知時候而授民也。[35]

羲與和是堯帝時代，也就是中國上古時代掌管天文地理之官，其實
他們不必是個人，而是代表精通於仰觀天文俯察地理的特定之氏族
部落。他們的專職是通過觀測而了解太陽系和地球的運轉規律而能
掌握地理環境的季節變化，因為此種了解對於彼時的農耕是非常重
要的。其實這就是中國古代的曆法農書之源頭。羲和之官的重要，

34　潘朝陽：〈由地理學觀念系統看《尚書》的地理識覺〉，收入氏著：《心
　　靈·空間·環境——人文主義的地理思想》（臺北：五南圖書出版公司，
　　2005.12），頁 325-354。
35　曾運乾：《尚書正讀》（臺北：宏業書局，1973），頁 4-5。

反映了上古儒家肯定贊美中國古代執政者對於國家和黎民之生存發展之空間和生態能進行密切實證的觀察和認知。

> 分命羲仲，宅嵎夷，曰暘谷。寅賓出日，平秩東作。日中、星鳥，以殷仲春。厥民析，鳥獸孳尾。
>
> 申命羲叔，宅南交，曰明都。平秩南訛，敬致。日永、星火，以正仲夏。厥民因，鳥獸希革。
>
> 分命和仲，宅西，曰昧谷。寅餞納日，平秩西成。宵中、星虛，以殷仲秋。厥民夷，鳥獸毛毨。
>
> 申命和叔，宅朔方，曰幽都。平在朔易。日短、星昴，以正仲冬。厥民隩，鳥獸氄毛。
>
> （以上皆出自《尚書‧堯典》）

以上引文的詳細析論，可參見前面提及的筆者之論文。總之，羲仲、羲叔、和仲、和叔四者負責執行的事務之有關經文，很明顯且工整地表達了上古執政者對於中國的東南西北四境、春夏秋冬四季、日月星宿運行的空間和生態之識覺及認知，是十分重視的，何以如此慎重其事地記載？那是因為彼時的文明核心是農業，而中國農耕必須高度密切符合天地的自然運行之規律，故必在四方空間進行生態節氣以及天文運轉的定點定時之觀察和了解。

　　古代中國人如此慎重其事於天地空間之俯仰和四方之觀測，不止於《尚書》。《易經》的卦爻本來就以時位而表示人事物的吉凶順逆，《易》是具有豐富的時間和空間的縱橫語言與心靈的。《易傳》亦是。在傳中有明顯的空間表達：

　　　易與天地準，故能彌綸天地之道。仰以觀於天文，俯以察於
　　　地理，是故知幽明之故。[36]

　　　古者包犧氏之王天下也，仰則觀象於天，俯則觀法於地，觀
　　　鳥獸之文，與地之宜，近取諸身，遠取諸物。於是始作八
　　　卦，以通神明之德，以類萬物之情。[37]

上引兩段傳文，皆提到仰觀天文天象，俯察地理地法，這個仰首而
觀和俯首而視，是人類脫離或超越其餘靈長類而發展出人文之開
端。因為能夠仰觀天俯視地，也就能夠觀察探索天地之間的生態和
地理的情形和內容，更進一步能追索表面和內在、顯露和隱密的種
種存有及其道理。

　　在仰觀俯察的空間和生態的經驗實證中，上古儒家於《易傳》
中，建立了儒家的空間生態觀。茲引〈繫辭〉有以明之。

　　　天尊地卑，乾坤定矣；卑高以陳，貴賤位矣；動靜有常，剛
　　　柔斷矣；方以類聚，物以群分，吉凶生矣；在天成象，在地
　　　成形，變化見矣。是故剛柔相摩，八卦相盪，鼓之以雷霆，
　　　潤之以風雨，日月運行，一寒一暑。乾道成男，坤道成女，
　　　乾知大始，坤作成物，〔……〕[38]

36　《易‧繫辭上傳，第四章》。
37　《易‧繫辭下傳，第二章》。
38　《易‧繫辭上傳，第一章》。

朱維煥釋曰：「易者，乃窺天地之機，以探生化之理。自實然現象觀之，天在上，地居下；自生化價值論之，天既尊，地則卑。天地之生化萬物，自氣化立場言之，無非陰陽之作用。〔……〕」[39]而觀諸《易繫辭傳》此文，作易傳者的思想，實源自於他對於高高在上的天和低低在下的地先有一個定位，那就是天是尊高的而地是卑低的，尊高的天是乾卑低的地是坤。這樣描述天地乾坤的高低尊卑，完全是就其空間的位置而言，其用語與人在社會的那個尊卑高低的價值定位無關。也就是朱維煥所釋，在實然層言就是天上地下；在生化層言就是天尊地卑；在氣化層言就是陰陽變化。而作易的儒家，在此空間中，他其實是從實然的雷霆風雨的自然氣象和日月運行的四季循環，感悟到天地空間的生生不已的大生機。於是提出乾坤和合化生萬物的本體宇宙論（onto-cosmology）之「乾坤生態觀」。

因為天地空間的大機能是乾坤之和合生化，故謂之「方以類聚，物以群分」。明儒來知德在《易經來氏註圖解》曰：「方者，東西南北之四方也，類聚者，中國外夷各相夷是也。物者，萬物也，群分者，羽毛麟介，各分別是也。」依據來知德註，古代作《繫辭傳》的儒家，一方面表達了天地的上下垂直座標觀和四面橫通座標觀，這是空間性；而同時又指出中國四夷的文明國度的區域劃分，在這樣的世界空間中，是有各色各樣的包括人以及羽毛麟介等一切生命在滋長繁衍。

通過對真實世界的空間和生態之觀察和認知，儒家易傳中的乾

---

[39]　朱維煥：《周易經傳象義闡釋》（臺北：臺灣學生書局，1993.09），頁453。

坤生化觀還有一個最關鍵處。《易繫辭傳》有曰：

> 夫易，廣矣、大矣，以言乎遠則不禦，以言乎邇則靜而正，
> 以言乎天地之間則備矣。[40]

王船山解釋此段傳文而曰：「『廣』者，包括富而暨被遠也；
『大』者，規模弘而發生盛也。〔……〕『遠』者，推而達乎萬
變；『邇』者，反而驗之日用也。」[41]此是指出「易」之道，就是
天地的生機之發用，其規模和範圍，乃是「包括富而暨被遠、規模
弘而發生盛」，同時也是「推而達乎萬變、反而驗之日用」，換言
之，天地就是一個無遠弗屆而無物不包且生命充盈的無限空間。船
山又解釋說：「『天地之間』是兩間所有之物理氣化也；『備』
者，盡其蕃變之數也。」[42]他於此段指出《繫辭傳》所言「天地之
間」，不僅僅以「框框」來說「天地之間」，而是指「兩間所有之
物理氣化」，換言之，也就是天地之中的一切「物理氣化」都「盡
其蕃變之數」，用今天語言，就是天地宇宙之間無他焉，而就是一
切生命生態顯發繁榮之大自然。

　　總而言之，《易傳》的作者的天地空間觀，其實就是大自然生
機的大生廣生觀。此種思想不可能在生物生態狀況較差或惡劣的區
域產生的。中國黃河長江的大河平原文明，其自然生態豐富繁複，

40　《易·繫辭上傳，第六章》。

41　〔明〕王夫之：《周易內傳》，收入氏著《船山全書》（第一冊）（長
沙：嶽麓書社，1998.11），頁532。

42　同上注。

而且中國上古先民的農耕文明是與自然環境相符應配合的有機永續農業，所以在農業的人文形態上和內容中，也含具豐富的生機。在此生活和生產世界裏，中國上古儒家會發展如《易》的此種自然之生機滿盈洋溢的天地空間觀，是非常自然的現象。

　　創作《易繫辭傳》的上古儒家畢竟不是「自然主義哲學」的信徒。他是「儒家道德理想主義者」。因此，他也提出在天地空間中的乾坤生化之大自然生機體系中，是有「聖人」來參贊其化育的。其傳文如是曰：

　　　　子曰：「易，其至矣乎！夫易，聖人所以崇德而廣業也。」[43]

船山云：「『崇德』者，日進於高明；『廣業』者，立焉而固，行焉而順也。〔……〕。此聖學之極致，而作聖者不容舍此而有歧趨，則志學之初，亦必以此為聖功之準則，故曰『至矣』。」[44]崇德和廣業，是指儒家德教達於其極而且又能依據之而實踐於生活和生命之中，此種功夫和境界，就是儒家的「易」之教、學與行。而所謂「易」，就是乾坤生化的大生機，所以，此處章句是講儒家之道學德教，其實就是學習生生之易，也就是學習天地之大生廣生之仁德，在此，顯示儒家重視的是學習並參與生生健行永續的天地生態的律則和精神。依循而作並達於最極致，這就是聖人。而聖人之功夫進路如何？傳文曰：

---

[43]　《易‧繫辭上傳，第七章》。

[44]　同注41。頁534。

　　　　知崇禮卑，崇效天，卑法地。[45]

船山說：「無私意私欲之累而達於化，知之崇所以崇德也；謹小慎微，循乎天理之秩序而不敢踰越，禮之卑所以廣業也。此聖學也，而所效法者天地。天地者，乾坤之法象，崇卑之至者也。剛而不屈，健行而不息，法天之崇而知無不徹；柔而不亢，順理而無違，法地之卑而禮無不中。〔……〕」[46]船山析出此句傳文，是將天地對舉而論聖人之聖學，實是效法天地乾坤並建又互動之性質，其重點是聖人學習天和地之德，前者是「知」而後者是「禮」；而所謂「知」，是仁之智慧，所謂「禮」是義之實行。皆是天地大化流行的自然生態，因為仁是生生不息，而義則是合乎此生生不息之大德的行事。同樣一句章句，今人徐志銳注釋曰：「韓康伯：『知以崇為貴，禮以卑為用。極知之崇，象天高；而統物備禮之用，象地廣而載物也。』知識高明其德性必然充實，執禮卑順其業績必然廣大。知識高明應該效法天，執禮卑順應該效法地。」[47]知識學之於天，禮規順應於地，總之，現代人也能體察人之知識和規範均應向天地效法學習。向天地效法學習，就是學習大自然的生態，若能如此，自然其人文活動也就需配合生態律而不能違逆，換言之，人文與自然是必須融合和諧的，亦即人文活動不能破毀環境不能污染環境。

---

[45]　同注 43。
[46]　同注 41，頁 534。
[47]　徐志銳：《周易大傳新注》（濟南：齊魯書社，1988.03），頁 419。

天地設位，而「易」行乎其中矣。成性存存，道義之門。[48]

徐志銳釋曰：「天地定位，卑高以陳，而《易》書所講的陰陽變化就流行于天地之間。」[49]用現在的生態學之話語言之，就是天地空間中，充滿著生生不已的生物生態的大生機。而徐氏又解釋曰：「朱熹：『存存，謂存而又存。』何楷：『理之當然曰道，事之合宜曰義。』『聖人』崇知高如天，執禮卑如地，達到以天地為本性。」[50]作《易傳》的上古儒家的「聖人」是怎樣的標準？依徐氏的解釋，聖人的智慧和行事，是一個完全依據天地生生大化之德的那種人。

而其實，敬天地而生活的中國人，何必只有聖人，在傳統中國，黎民百姓絕大多數都是出生並成長於傳統有機農業文明之中，他們也耳薰目染而如魚在水一般地熟習儒家的大化流行之乾坤生化之經典之教中，所以，聖賢和庶民皆一致習以天地空間就是一大整全生機體。

七、結論

中國文明原本是建立在具有敦厚悠久之德的精耕細作之傳統有機農業之上的，儒家在這樣的基礎乃發展出天地乾坤生化觀之空間生態思想，並由此而建立了人與環境生態十分和諧的生活世界。

---

[48]　同注 43。
[49]　同注 47，頁 419。
[50]　同上注，頁 420。

　　當代新儒家唐君毅先生在其著作中闡明了此種以精耕細作的傳統有機農業發展形成的乾坤生化觀之生活空間，使中國人與大自然之間存在融合為一的倫理。唐先生認為中國人在與自然和諧的生活世界，就有一種藝術性、審美性的生活。他說：

　　　　人需要在自然界中過其藝術性、審美性的生活，能欣賞自然
　　　　界的美，在自己生活中與自然界有一種默默的感通，才會覺
　　　　得自己真正存在於自然界。陶淵明詩：「孟夏草木長，繞屋
　　　　樹扶疏。眾鳥欣有託，吾亦愛吾廬。」這種心境，草木生
　　　　長，圍繞我的房子；鳥喜歡樹，我喜歡房子，而房子在樹林
　　　　裏。這時的我就生長在自然界的生命之中。重視這種藝術
　　　　性、審美性的在自然界中的生活，便是中國文化了不得的地
　　　　方。在中國山水詩、田園詩、山水畫，中國的建築、園林、雕
　　　　刻，可見人與自然分不開。如中國的亭臺、樓閣就是在自然
　　　　界中，與西方古代堡壘式的建築是不同的。因堡壘與自然界
　　　　分開，而亭臺樓閣在自然界中。人在亭臺樓閣內，亭臺樓閣
　　　　在自然界裏；這時的人才真正感到他的生活在自然界內。[51]

中國傳統農耕文明和古代儒家的乾坤生化的空間生態觀導引之下的中國人之生活，就是在唐君毅先生此段敘述所說的此種人文是活生生地在自然界中，此種人文與自然相融的生活形成一大生機而大化流行的生活世界。

---

[51]　唐君毅：〈人的存在問題與中國文化〉，收入氏著《中華文化與當今世界
　　補編》（下冊）（臺北：臺灣學生書局，1988.05），頁 514-515。

　　畢竟世界已經有很巨大的改變，工業化和都市化已經數百年，傳統農業文明之下的此種人文融於自然之中的社會結構已經殘存衰敗或甚至已經幾乎不存在。上古儒家在很多經典中提出的生生健行而和諧生態之生存空間性，由於傳統有機農業文明的失落，而為現代化強勢宰制下，在現代已然無存，故進而儒家的此種生態空間思想，也就失去了依託，而只剩下一種學理之價值而已，在古代，儒家的乾坤生化論，就是總體生活世界的大用之本體，而今卻已喪失了其本體性，故已無法發用為生活世界的實際結構。

　　唐先生如此呼籲：

> 如何使都市鄉村化、園林化，這需要很多的金錢、勞力，但從理想的社會上言，是值得的。如中國從前的都市杭州、蘇州就是園林化、鄉村化。如我們現在的中國一步步工商業化，上不見天，下不見田，如紐約般，人就不能覺得他真正生活在自然界中。都市園林化、鄉村化，就功利立場上說是不行的，但從文化立場，一定要把工業、商業、農業打成一片。這是中國未來文化應有的理想。[52]

唐君毅先生的理想，是因為其具有儒家之乾元生化的整全生機之生態空間觀，故而有之。此種道德理想主義的呼籲，在當代美國全球資本主義泛濫的文明系統中，是絕對不可能尊重遵行的。但在中國，實可依據古典以來的儒家理想政治理念而盡力實踐，因為當代中國正逢貞下起元的新政時期，特別是對於土地的政治經濟與生態

---

[52]　同上注，頁515。

空間之互動的觀念和政策，應可回顧中國古典儒家的理想和思想，而在城鄉的生態空間規劃以及工商農三業的倫理關係中，發展合乎乾坤生化的大化流行之新的人類生態空間典範。

　　本文原稿發表於《儒教文化研究》，國際版第 20 輯（首爾：成均館大學出版中心，2013.09），加以大幅度修改而呈現為此文。

參

當代新儒家的整全生機論之科學觀
──從自然控制觀轉回自然和諧觀

一、前言

　　現代與傳統世界的人類及其對世界之觀點，有現代性和傳統性之對蹠的不同，前者是要控制自然，而後者則是與自然和諧，而源出於兩者的科學觀當然有所差別；現代科學觀念下的心靈是人與自然對立的，而傳統的人之心靈卻是在自然之中，並無人文與自然分裂對立的思想和行為。現代環境污染和生態破毀之情形日愈嚴重，此困境和危機，與人類的現代科學觀十分有關係。對治當代的環境生態病症，有必要改變人心對大自然之態度，宜從自然控制觀返回自然和諧觀，若能返轉，人之科學觀才能改變其典範，而才可從控制自然的生活和生命形態轉為和諧自然的生活和生命形態。

　　中國儒家一向是主張人與天地和諧的，故由其思想發展出來的乃是主張整全生機論的科學觀念。本文先說明源發於現代歐洲的「控制自然觀」的科學性，再詮釋當代新儒家對現代科學論之批判，進而認識儒家的與自然和諧之天人倫理，從傳統到當代的儒家

皆是一貫的，可稱為整全生機論的自然態度。

二、控制自然──培根與笛卡爾

歐洲心靈的「現代性」（modernity），淵遠流長，其歷史久矣，就希臘言，其 "Logos"（洛各斯）的追索，乃蘊含探求普遍義之自然律的內涵，且由此出發，歐洲心靈一直都具有認識自然而進一步控制自然的意向性。當然，我們不需上溯如此之遠，只從現代化的近現代理解即可。

威廉萊斯（William Leiss）指出現代科學是人為了「控制自然」（domination of nature）而謀劃之有利工具。雖然控制自然的歐洲心靈，古希臘人早已有之，但與「現代性」有關係的思想文本，可首推十六與十七世紀之交的法蘭西斯・培根（F. Bacon, 1561-1626），他對於自然，提出了三層的自然性，依據萊斯：

> 我們通過在三種條件下的觀察，發現自然是如何完成其操作行為的。第一是自然的「自然和自在」狀態，這是一種其行進路線中無阻礙的運行狀態，比如天體的規律運動和地上動植物生命的繁衍；第二是自然的「錯誤」狀態，它造成了創造物的毀滅；第三是自然的「約束」狀態，它由人類技藝轉化而來。並且可以看出，在技藝的管束下事物的本性比其在自由狀態下更容易暴露出來。這後一種條件是科學知識增長的最有利條件。機械技藝的實驗是研究壓迫和管束下的自然，也就是說，通過技藝和人的手，她被強迫、被擠壓和模鑄出她的本性狀態。〔……〕人類的技藝和知識是人們用以

　　強迫自然跟從其命令的武器。[1]

萊斯這段話語實是徵引培根的創作內容，指出三層自然性，第一層是大自然的本性，就是它自在法爾如是的那個本質，一般言的自然就是指這層的意思。而第二層的自然意思，其實就是指大自然的巨大反常變動而言，譬如恆星大爆炸、海底板塊大錯動、恐龍大滅絕……等自然劇變現象，而其實，這些劇烈巨大之變動，在整體結構和脈絡中看，也是大自然的自在法爾的本性。我們必須關心的是第三層自然，這一層自然，已是人文和心靈以理性之力而深入自然之體而將其本性解剖、挖掘、逼迫地顯露出來，這個被人文和心靈以理性再現出來的自然，被人以人的目的而暴露本性之後，就被迫地將自然本性轉變成人文的奴隸，受人類驅役。

　　這樣的觀念和實踐，就是近現代科學主義以及其帶出來的「現代性」。培根思想的出現於世，即是一種象徵，就是歐洲心靈的人之理性為主體而自然之本性為客體的主客性質的人與自然的倫理關係，甚至客體的自然在人之主體性科技逐日深刻之宰制下，已下萎為「奴體」。此種人與自然的倫理關係，在近現代歐洲，它是顯據勝場的觀念主流。我們可以稱之為「自然控制觀」。

　　此種自然控制觀，其實就是現代科學觀，也就是科學的現代性。

　　與培根同一時代而稍後面的勒奈・笛卡爾（R. Descartes, 1596-1650），也是此種心靈很重要的代表者，他很能象徵歐洲心靈的現

1　〔加〕威廉萊斯（William Leiss）：《自然的控制》（*The Domination of Nature*），岳長嶺、李建華譯（重慶：重慶出版社，2007.12），頁54。

代性，因為他的「主客二元論」和「心物二元論」的思維形式，正是現代科學之基本取徑。我們對此略加以說明。笛卡爾說：

> 我確實認識到我存在，同時除了我是一個在思維的東西之外，我又看不出有什麼別的東西必然屬於我的本性或屬於我的本質，所以，我確實有把握斷言我的本質就在於我是一個在思維的東西，或者，就在於我是一個實體，這個實體的全部本質或本性就是思維。而且，雖然也許（或者不如說「的確」，像我將要說的那樣）我有一個肉體，我和它非常緊密地結合在一起，不過，因為一方面我對我自己有一個清楚、分明的觀念，即我只是一個在思維的東西而沒有廣延，另一方面，我對於肉體有一個分明的觀念，即它只是一個有廣延的東西而不能思維，所以肯定的是：這個我，也就是說我的靈魂，也就是說我之所以為我的那個東西，是完全、真正跟我的肉體有分別的，靈魂可以沒有肉體而存在。〔……〕2

在這裏，笛卡爾建立了心物或靈肉二元論，同時，心靈或靈魂是能思的主體，而物質或肉體，就如同佛家所說的「四大」，其性質乃緣起緣滅，無本體性無恆常性。而所謂「我」，並非物質或肉體，而是這個心靈或靈魂。若要肯定存在的或世界的本體，則應該是這個心靈或靈魂的「我」。笛卡爾又說：

2　〔法〕勒奈·笛卡爾（R. Descartes）：《第一哲學沈思集》，龐景仁譯（北京：商務印書館，1996），頁 82。

> 精神和肉體有很大的差別，這個差別在於，就其性質來說，肉體永遠是可分的，而精神完全是不可分的。因為事實上，當我考慮我的精神，也就是說，作為僅僅是一個在思維的東西的我自己的時候，我在精神裡分不出什麼部分來，我把我自己領會為一個單一、完整的東西。可是肉體是物體性的或者是有廣延性的東西，它就完全相反；凡是物體性的、有廣延性的東西，〔……〕沒有一個是我認為是不可分的。[3]

肉體是物質之存有，也就是四大因緣和合而生，因此是可以剖析分解的，而精神，也就是心靈、靈魂，則是一個完整的不可剖析分解的整全體。然則，一個人的真正自我主體是靈魂、心靈或精神，肉體並非人之真正自身。而這個肉體是什麼性質的存有？笛卡爾如是說：

> 一個病人也和健康的人一樣，真正是上帝的造物，所以，〔……〕就像一個由輪子和擺裝成的鐘錶一樣，當這個鐘錶做得不好，不能完全滿足鐘錶工匠的希望來指好時間時，也是同樣準確地遵守自然的一切規律的；同樣情況，如果我把人的肉體看成是由骨骼、神經、筋肉、血管、血液和皮膚組成的一架機器一樣，即使裏邊沒有精神，也並不妨礙它跟現在完全一樣的方式來運作，這時它不是由意志指導，因而也不是由精神協助，而僅僅是由它的各個器官的安排來動作。〔……〕一個鐘錶，被造這個鐘錶的人指定了它的用途，

3　同上注，頁90。

〔……〕這和我把人體這架機器看成是上帝做成的，使它在它裏邊有它應有的一切運動，〔……〕是一樣的。[4]

肉體的結構和功能，就生物學或生理學的認知，確如笛卡爾的說法，它是一個生命體，乃是每個器官以及各種肉體的組件成分如骨、血、肉、皮等共同組合而運作，一個人或一個動物生病了，並不能以心靈或靈魂或精神的意志命令它好起來，然而肉體它自己，依然以它自己的狀態在運作。今天我們的知識分類，將肉體歸之為有機體，可是笛卡爾卻直接將肉體類比或視同為機器體的鐘錶。工匠製成了鐘錶，鐘錶依據機器原理而轉動，無論優質鐘或劣質鐘，它依機器原理轉動，是相同的；同理，上帝製做人體，人體依據機器原理活著，無論健康或生病的人，他以機器原理活著，是一樣的。

　　據上所言，笛卡爾將人之存有視為二元性，一是物質性之肉體，一是心靈，心靈屬於它自己；肉體不是真實的人之屬性，而真正人之屬性是心靈。

　　這樣的區分，就是笛卡爾式的「心物二元論」，心靈是能思的主體，而從人之肉體出發，世界一切器物，可視為大小機器，則屬所思的客體對象。笛卡爾所言的能思之心靈，其實是指人的理智或理性，根據此理智之性，人建立發展了認知器物世界的邏輯知識，科學的認知邏輯是用來剖析並且控制自然的。這就是現代科學之本性。其實，培根、笛卡爾的思想，與其說是他們獨特的創建，不如說，此乃是歐洲文明中一種偏向控制自然的共法，物理哲學家卡普

4　同上注，頁88-89。

拉（Fritof Capra）說：

> 自然形象由有機體到機器的劇烈轉變，對一般人的自然環境
> 態度，具有極大的影響。中古時代的有機性世界觀所意含的
> 價值系統助長了我們的生態性行為，借用摩強特的話來說：
> 「將地球形象視為一種有生命的有機體及滋養之母，正可作
> 為一種文化的約束力，以限制人類的行動。在這種約束之
> 下，我們便不敢輕率地宰殺母親，任意挖掘她的內臟以搜索
> 金子，或殘害她的身體。〔……〕一旦大地被認為是有生
> 命、有感覺的話，那麼對它施加破壞性的行動，往往被視為
> 是違逆人倫的行為。〔……〕」當科學的機械化發生之後，
> 這些文化的限制便隨之消失。將宇宙視為一種機械系統的笛
> 卡爾觀點，為我們對自然的操縱與剝削，提供一種「科學上
> 的認可」。笛卡爾、培根，〔……〕他們皆認為，科學的目
> 標乃是支配與控制自然，〔……〕科學知識可用來「使我們
> 成為大自然的主人與擴有者」。[5]

卡普拉的話語點明了培根、笛卡爾的科學思想，就是我們現代的科
技之範本，在此範本中的現代科學性，是對自然的解剖式的認知，
且在此認知下亦視人可對裂其身體與心靈，身體亦屬自然客體物，
而人之心靈究其實亦只是理性或知性，它對自然進行控制、支配以

---

[5]　〔美〕卡普拉（F. Capra）：《轉捩點——科學、哲學與新興文化》，蔡
　　伸章譯（臺北：牛頓出版社，1986），頁 50-58。

及改造。[6]

三、當代新儒家論科學及其自然態度
——唐君毅、牟宗三、徐復觀

「當代新儒家」對於歐洲現代性心靈中的現代科學觀，有其相
當程度的了解，本章說明唐、牟、徐三位港臺當代新儒家的論述和
批判。

(一)唐君毅

我們先看唐君毅先生的相關論述，唐先生指出：

> 西方近代的科學文化，繼中世紀的文化而起，於是西方文化
> 慢慢來了一個天旋地轉。科學家之研究天文，在凱卜勒（德
> 籍，Johannes Kepler, 1571-1630）、牛頓（英籍，Isaac Newton, 1643-
> 1727）等，是藉此來了解上帝所造之宇宙之偉大與秩序性。
> 但是哥伯尼（波蘭籍，Nicolaus Copernicus, 1473-1543）的太陽中心
> 之學說，已將地球在太陽系中放在一偏頗的地位。地球的運
> 動性，使人直覺到他身體無一刻之安定，愈發現上帝所造的
> 世界之偉大與有秩序，愈顯出人與其地球在宇宙間之地位之

6　關於笛卡爾式的科學思想，筆者在另一篇論文中早已敘述，請參閱潘朝
　　陽：〈整全生機論自然宇宙觀：人與自然和諧的環境倫理——以《聖經・
　　創世記》為主的詮釋〉，收於氏著：《心靈・空間・環境——人文主義的
　　地理思想》（臺北：五南圖書出版公司，2005.12），頁139-176。

渺小。〔……〕生物學的進化論,證明人類是猴子之表兄
弟;而整個進化論的系統,將人類與阿米巴間之各種生物,
聯成一系列,人類〔……〕成了阿米巴之末代子孫。
〔……〕成了星雲時代之塵土之後裔。如此,成就了唯物進
化論的世界觀。〔……〕唯物世界觀,把人與生物與物同放
在自然時空之中,〔……〕人只有不斷的追逐時間,而在空
間中動盪不寧。[7]

從哥白尼到達爾文以至歐洲一系列的科學心靈發展和創建的現代科
學之本質,如唐先生之所論,其實即是一種將人和一切生物及所有
存有性,都加以「物化」的「唯物進化論」。唯物進化論的科學是
去宗教神聖性的,因為地球被觀察而定位為洪荒宇宙中的渺小而微
不足道的一小顆行星;人及一切生物也不過只是生物進化鏈中的一
支,所以,人的近祖被回溯定位為猿猴而遠祖則是「阿米巴」原
蟲。在此種「唯物主義」的科學照射下的人,不再有神聖性,人性
與動物性以及物性並無差別,人生於自然宇宙中,是永不能停下來
的奔忙追塵而無法止息的浪子。人被視為某一層級的自然之質和
能,在科學言,即唯物進化論的認知;在哲學言,即唯物的自然主
義的認知。唐先生說這個源發於現代歐洲的科學哲學心靈:

即是由追溯人類文化之起源,到原始人之文化生活,再到人
之生物本能,而以人之生物本能為根本觀念,以解釋一切人

---

7 唐君毅:〈科學世界與人文世界〉,《人文精神之重建》(香港:新亞研
 究所,1955.03),頁 43-44。

類生活之思想。這種思想，將人類一切高級文化生活，視作
一種生物性之本能之變形或工具。由是而將人文本身之內在
的價值，均加以曲解抹殺，而使〔……〕人，〔……〕背離
人文之生活，而迴向生物之生活。[8]

唐先生所論真是鞭辟入裡，所謂「背離人文而面向自然」，意謂世
人陷溺於科技化的唯物自然主義中，對自然物質的無窮盡搜刮和耗
損，是當代工商業消費主義的主要生活方式，為了男女的身體而存
在並且顯影在電視屏幕中的服飾、化裝品等「男模、女模」的廣告
片之泛濫、庸俗、慾化，就是唐先生說的「人迴向生物的生活」的
最尖銳象徵。而此種生物性的生活，其實也就是人控制自然，發展
出現代性科學，再以科學的技術，顛倒了價值而讓人文墮落成自然
物的結果。現代科學帶出來的「現代性」，依唐君毅先生，即是
「物化性」。

(二)牟宗三

我們再看牟宗三先生的觀點。

對於現代科學的物化性，牟宗三先生的批判亦甚敏銳深刻。他
舉西哲尼采、海德格之論歐洲現代心靈中已無上帝，稱為「上帝隱
退」或「上帝歸寂」，現代性就是上帝隱退歸寂的人之「去神聖
化」，此當然是現代科學帶來的大倒置，上帝一旦從人心中消逝，
其帶引出來的狀況，則如牟先生所言：

---

[8]　同上注，頁 47。

人的精神，如是向下向外，專傾注於自然與物質，則不但可
以忘掉其自己，且亦遠離於上帝。人的墮落，其精神性全
失，只剩下物質性。〔……〕這個時代〔……〕表現的方
向，如是向下向外，而專傾注於自然與物質，則其精神即為
自然與物質所吸住，而凝結黏著於自然物質之上而喪失其自
己。〔……〕滿眼只是自然與物質，其自己之精神尚不知，
何有於上帝？故在向下向外的表現中，雖有所成，而其傾注
於自然與物質，即是一種下降的趨勢。〔……〕這清一色的
自然與物質之平面層並沒有精神，亦無所謂上帝，更無所謂
意義與價值。〔……〕若是人們的心思〔……〕只在這個平
面層上打旋轉，其餘全無所覺，亦全不予理會，則單就這個
時代言，這當然是上帝死亡、上帝隱退的時代。[9]

在笛卡爾，他以為理智心的我思可使我在，即他說的名言：「我思
故我在」，亦可由此而控制自然。但顯然不是，因為現代科學的演
進，在牟先生此處看來，最終必喪失人之仁心，由於心之無有仁
覺，故墮落迷失。的確，人若一心只傾注於自然與物質，依儒家，
就下萎而以「見聞之知」宰制自己，其德性之智慧淪喪無餘。人之
所以為人，乃是因為心靈之明覺對於總體之生命，乃是如諸葛武侯
所言「揭然有所存、惻然有所感」的。[10]偏偏科學主義的現代性，

---

9   牟宗三：〈論「上帝隱退」〉，收入氏著：《道德的理想主義》（《牟宗
    三先生全集》，9）（臺北：聯經出版公司，2003.04），頁242。
10 諸葛亮的〈誡外甥書〉曰：「夫志當存高遠，慕先賢，絕情慾，棄疑滯。
    使庶幾之志，揭然有所存，惻然有所感。忍屈伸，去細碎，廣咨問，除嫌
    吝。雖有淹留，何損於美趣，何患於不濟。若志不強毅，意氣不慷慨，徒

卻使世人沈陷在物化的窒息，而其心只在自然與物質中成為單面向之一路下墜。

　　科學性是變化的，從哥白尼到牛頓是現代科學的前半段，後半段是愛因斯坦的「相對論」。牟宗三先生深論愛因斯坦形態的科學現代性是「事法界」的認識。他說：

> 我們這個上帝歸寂的時代，從科學方面說，便是愛因士坦的時代。愛因士坦時代的基本精神是「事法界」的認識，不是「理法界」的認識。〔……〕「事法界」認識的基本靈魂，〔……〕不是強度的，乃是廣度的；不是內在的，乃是外在的。[11]

牟先生借用佛教華嚴宗的名相和概念指出愛因斯坦的相對論象徵的現代科學之本性，是「事法界」。何謂「事法界」？若依佛教華嚴宗的意思，乃是指一切眾生形色和心識等存有之現象，都顯現其各色各樣的差別，稱此種狀況為「事法界」，其實也就是現象世界。一切有生有滅，各有差別的事物現象，無論是精神的或是物質的，統統攝聚於「事法界」之中。如果以現代科學的習慣語句，牟先生認為現代科學的現代性表現的特色，就是以「廣度」和「外在」的進路來說明描述現象。此種說明和描述的進路，不是「強度的」也不是「內在的」。因為強度和內在的進路，是「理法界」的認識，

碌碌滯於俗，默默於情，永竄伏庸，不免於下流。」見《太平御覽》，卷459。

[11]　同注9，頁245。

它關聯到形而上的本體和純理，是超越現象或內在現象。依佛教華嚴宗的說法，一切眾生的形色、心靈等現象，雖然有各色各樣差別，但其體性則是同一，是同於一理，稱此狀況為「理法界」，即是無差別性的宇宙真理，在佛教名「真如」、「佛性」、「法性」、「實相」等。[12]牟先生進而言之：

> 〔……〕在相對論裏，時間與空間只成了記錄事件關係的形式特性，並不須再從這裏，為邏輯的圓足，再推置一個形而上的自存體——絕對的空間與時間。〔……〕「事件」（event）是一個最基本而又乾淨的觀念。〔……〕抽象的赤裸裸的「物質」（matter, bare matter, a bite of matter）一概念便被剔去了，因而那抽象的「物質本體」（material substance）一概念也被剔去了。「體」或「托體」（substratum）這是現代人所最不喜歡的一個觀念。[13]

牟宗三先生的意思是說絕對的時間空間觀，在愛因斯坦的相對論，是不存在的，依相對論，什麼是時空？在宇宙中雜多事件變來變去

---

[12] 丁福保編纂的《佛學大辭典》在「四種法界」條目中說：「一、事法界，謂諸眾生色心等法，一一差別，各有分齊，故名『事法界』。二、理法界，謂諸眾生色心等法，雖有差別，而同一體性，故名『理法界』。三、理事無礙法界，謂理由事顯，事攬理成，理事互融，故名『理事無礙法界』。四、事事無礙法界，謂一切分齊事法，稱性融通，一多相即，大小互容，重重無盡，故名『事事無礙法界』。」見丁福保：《佛學大辭典》（二）（臺北：天華出版公司，1999.04），頁1396。

[13] 同注9，頁245-246。

的關係才形成時空，它本身並不是「實體」，而僅僅是「形式」，在其中，連「物質」也被遮遣否定掉，在世存有只是關係與關係的「事件」。實體性的本體觀，是現代人最不喜歡的概念。

如此說來，相對論下的自然與物質之觀念，很像佛教唯識法相觀，一切法唯識變現，乃因緣和合而有的假法，並無實體。牟宗三先生說：

> 相對論的物理世界是無體、無力，而只充滿了一堆一堆的「事件」之移來移去；一堆一堆起縐縐現彎曲的「事件」與「場」之任運而轉。把現象後面那些帶保證性而卻是虛妄不實的，帶圓滿整齊性而卻是一套一套枷鎖的概念，一齊剔去而全部把現象世界浮現上來，祇是事件之如是如是。〔……〕14

「事件」與「場」的任運而轉之科學取徑，在現代自然科學和社會科學之諸多領域，確是如此，譬如以地理學言，空間就是許多自然的和人文的事件的關係形成的場域，並無一個絕對空間之存在，亦不必如康德一樣地去費心敘說空間屬於人之感性之直觀，這多麻煩，根本不需如此大費周章，因為大地之上的自然和人文現象構成的靜態和動態的關係，在生態上就是人地關係形成的場域（the field of man-land relations）；在空間上就是人的諸多事件構成的區位架構（the structure of location）；在區域上就是自然與人文諸多事件的分佈（the distribution of events）。地理學者正是以廣度和外向來描寫、說明

14　同上注，頁 246。

大地上面的諸多事件的人地、空間與區域的「場之關係」的，地理學者完全將「強度」和「內向」的詮釋進路剔除，換言之，地理學者作為一名自然科學或社會科學家，他關心以及內行的是「事法界」，他根本不關心或甚至不知道「理法界」。此甚合乎愛因斯坦相對論欣趣下的現代科學之現代性。所以牟先生說：

> 現代人特別不喜歡「本體」，特別偏愛「關係」。把「本體──屬性」的思考方式打倒了，代之以關係邏輯。〔……〕說關係，就得說發生關係的事件。把「本體──屬性」的方式推翻了，共相、本質（體性），也為近代人所不喜。與共相、本質等相對的，便是「殊相」，而殊相是「事件」。事件與關係窮盡了一切。[15]

此段論述之理，我們可以拿歷史學而明之，古代史家的創述史著，如孔子，其修《春秋》有其恆常之道，也就是《春秋》是史亦是經，有其本體，此即「貶天子，退諸侯，討大夫」的神聖使命，[16]故孟子說孔子之修《春秋》，其發出的精神必使「亂臣賊子懼」。而太史公司馬遷修《史記》，其最高宗旨是「究天人之際，通古今

---

15 同上注。

16 司馬遷在〈太史公自序〉中曰：「余聞董生曰：『周道衰廢，孔子為魯司寇，諸侯害之，大夫壅之。孔子知言之不用，道之不行也，是非二百四十二年之中，以為天下儀表，貶天子，退諸侯，討大夫，以達王事而已矣。』〔……〕。」見〔西漢〕司馬遷：〈太史公自序〉，引自〔清〕吳楚材、吳調侯選注：《古文觀止》（臺北：建宏出版社，1994.05），頁234。

之變，成一家之言」。[17]無論孔子或司馬遷的修史，其史德和史識，其實是縱貫形態，以「道」貫達天人之間而具有既超越於天理且又內在於仁心的體性，可是現代深受科學現代性影響支配的史家，他是將歷史研究視為「社會科學」的範疇之學，其中只求所謂的「事件」之廣度和平面關係之「客觀敘述」，其中豈能有所謂任何一點「史以載道」？若以為現代史家的史學是追索或表彰一貫恆常之道的學問，那就離其本意甚遠。現代的歷史研究和寫作，只是一件一件殊相的事件之價值中立的描述罷了，其中甚至亦可以僅僅是白描「事件」而完全不必涉乎「關係」。

　　現代科學突顯了「事件」之平舖的「關係」，這樣的現代性，滲透到科學的心理學來認知的人之心理時，則可以不承認傳統宗教和倫理意義下的「心」或「靈魂」（mental substance, soul），亦不承認所謂心是一種「本體」，而只是一串串的心理「事件」。[18]在這裏就把精神的恆常價值予以否定了，現代的科學形態的心理學，發展到以大腦、腦神經、腦波等生物學、生理學、物理學、化學以及醫學之影響決定之生化科學心理學。

　　根據上述牟宗三先生對於現代科學性之批判，我們知道牟先生

17　太史公曰：「僕竊不遜，近自託於無能之辭，網羅天下放失舊聞，略考其事，綜其終始，稽其成敗興壞之紀。上自軒轅，下至于茲，為十表、本紀十二、書八章、世家三十、列傳七十，凡百三十篇。亦欲以究天人之際，通古今之變，成一家之言。〔……〕。」見〔西漢〕司馬遷：〈報任安書〉，引自〔清〕吳楚材、吳調侯選注：《古文觀止》（臺北：建宏出版社，1994.05），頁249-250。

18　牟宗三：〈論上帝退隱〉，收入氏著：《道德的理想主義》（《牟宗三先生全集》，9）（臺北：聯經出版公司，2003.04），頁246-247。

也很明白地指出科學帶來的現代性乃是人以平面平舖的理智力視心靈和動質為一個一個事件的關係串連，現代人據此串連的系列結構來控制自然。

(三)徐復觀

另一位當代新儒家徐復觀先生對現代科學，有何看法？謹略述於下。

徐先生說：

> 在知性、科學，統治一切的時代中，人類有機地傾向，及以個性為中心的歷史問題，會當作不能考慮的東西而被消失掉，因之，人已經不是歷史的存在，只好稱之為後史人。構成他的假定的基礎的，是當前的資本主義、機械主義、科學、官僚制度、全體主義等，綜合地演進。在這綜合演進中，發生主導作用的，還是由人的知性所成就的科學。[19]

徐復觀先生這一段文章指明現代人在現代化下的知性科學支配影響下，有一種關係到人基本的存有性消失了，此即人之生命的「有機性」、「個性」，因為人之歷史是建立在人之有機性及個性的生命存有性的，所以，「歷史」也就隨之而消失。現代人既然不再屬於「歷史之存有」，則只能稱為「後史人」；沒有歷史屬性的現代人，其實也就是不屬於有機性以及個性的現代人，然則，他是在現

---

[19]　徐復觀：〈科學王國中的「後史人」〉，收入氏著：《徐復觀文錄》（一）（臺北：環宇出版社，1971.01），頁22-27。

代科學以及其現代性如資本主義、機械主義、官僚科層結構、全體
主義等綜合之下的一種存在。

　　那麼此種現代性的人之存在是怎樣的存有性？徐先生說：

> 在長久的過去，對於人類有支配作用的本能生活，隨著知性
> 漸漸完全統御了生活的各個部面，而漸漸失掉了它的力量。
> 人離開了本能的東西，目的性的東西，有機的東西，而定著
> 於因果地，機械地東西之內，因而知性可對人的各種活動加
> 以更強的控制。〔……〕由科學方法與近代技術非人間性地
> 操作之發現，冷靜的知性，以前，已經能減少了自然的力
> 量，今後更將廣泛支配人類的活動。人為了生存，不能不使
> 自身與機械相適應。藝術家、詩人、聖人，這些不適合的型
> 態，或由社會淘汰，而使其轉向，或乾脆自動歸於消滅。
> 〔……〕人類自身，也只有適用與物質世界相同的規範。知
> 性創造機械，機械控制人生。〔……〕
> 機械完成了一切控制的「後史人」，他們之所謂人生，
> 〔……〕長距離的一瞬間地連絡，空間迅速的運動，產生自
> 動反應的按紐式的操作等，這些便是他們所追求，成就的東
> 西。而最後的業績，則是把含有無限變化的有機地組織力，
> 做成鑲嵌在模型中的機械地東西。[20]

現代科學的力量讓人類的本能、有機或目的性之能力和創生，漸漸
喪失；人愈來愈受到知性以及知性創造出來的機械宰制，人不再依

20　同上注。

據自然天生之道而存有,人與物質世界一樣,都受制於機械。事實上,徐復觀先生所說的正是現代工業和科技化之下的世人的存有形式以及其內在性。在某種層次上言,於現代科學的現代性中,人類已經不知不覺地在他自己的知性所創造演化出來的機械結構中來觀看、認知這個世界以及他自己。依據徐先生的觀點,機械性的現代,其實也就是「自然控制」之路的極至,因為在笛卡爾,他以為是心靈控制自然,但到現代,已經從控制自然再深入一層而控制心靈,而且是機械控制心靈。

四、熊十力對於玄學與科學的論證 及其「整全生機觀」

對於現代科學性以及科學現代性的認識以及判準,並非遲於唐、牟、徐這三位大儒型的「當代新儒家」,才有的省思。「當代新儒家」的第一代宗師熊十力先生其實已有深入的反省觀照和批判。

熊先生在〈答唐君毅〉一文中,提出他對於玄學和科學之詳細清楚的觀點。他說:

> 玄學、科學,皆緣吾人設定有所謂宇宙而試行窮究其中真理。即由窮究故,不得不方便善巧,姑為玄學科學之區別。科學尚析觀(析觀亦云解析),得宇宙之分殊,而一切如量,即名其所得為科學之真理(於一切法,稱實而知,是名如量)。
>
> 玄學尚證會,得宇宙之渾全,而一切如理,即名其所得為玄

學之真理（於一切法，不取其相，冥證理體，而無虛妄分
別，是名如理）。[21]

熊先生認為窮究宇宙之真理有兩種，一是科學，一是玄學。前者，
著重剖析，留心於宇宙千差萬別的現象，以實證之方式，掌握現象
的量化的客觀性；後者，著重心靈的體證會悟，在冥觀默證中穿透
或超越一切表相而直觀千差萬別的現象之裡面，只是一個統一整全
的理，此理，在儒家有很多名稱，如本體、道體、仁體、誠體等，
於此境界，無任何分別，故是一真絕待而無虛妄。

　　熊十力先生對於真理的雙元觀，其靈感顯然源自中土的儒釋道
的思維形態。張橫渠（張載，北宋，1020-1077）就有類似的說法，橫渠
論心知有雙元，他說：

大其心，則能體天下之物，物有未體，則心為有外。世人之
心，止於聞見之狹。聖人盡性，不以見聞梏其心，其視天
下，無一物非我，孟子謂盡心則知性知天以此。天大無外，
故有外之心不足以合天心。見聞之知，乃物交而知，非德性
所知，德性之知，不萌於見聞。[22]

此段所言就是張橫渠提出的心知有二，其一是「德性之知」，其一

21　熊十力：〈答唐君毅〉，收入氏著：《十力語要》（卷二）（臺北：明文
　　書局，1989.08），頁164。

22　〔北宋〕張載：《正蒙・大心篇》，收入氏著：《張載集》（臺北：漢京
　　文化事業公司，1983.09），頁24-26。

是「見聞之知」。依橫渠，人之「見聞之知」，來自「物交」，而「德性之知」則不萌發於交於物的見聞，而是「大心」之自己的體證，大心者也就是天心，是人的本心，孟子所言的那個至盡其德而能知性知天的本然之心，橫渠以「天心」名之。

　　在張橫渠的雙元心知架構中，「見聞之知」，不是心之本身，其實乃「象」而已。他說：「由象識心，徇象喪心。知象者心，存象之心，亦象而已，謂之心可乎？」[23]「象」者，現象（phenomenon）、表象（presentation）也，也就是一切物的呈顯。當然，其呈顯必然是通過我們的心識而現出者，此亦即佛門唯識宗所說的「唯識變現」、「萬法唯心造」的意思。橫渠告訴世人，現象之呈顯於心，它並不是本心之自己，它只是透過心之感知的功能而表象出來的萬法之現象，這個呈顯於心的現象就是「見聞」。王船山詮釋橫渠此段意思有云：

> 知象者本心也，非識心者象也。存象於心而據之為知，則其知象者而已；象化其心而心唯有象，不可謂此為吾心之知也明矣。聞見所得者象也，知其器，知其數，知其名爾。[24]

船山指出一切物或萬法呈現在心知之中，它就是現象，這樣表現出來的心不是心之本身，乃是藉著心之作用而呈顯的現象，它就是「聞見所得」。船山特別說到「知其器，知其數，知其名」，這所

23　同上注。
24　〔明〕王夫之：《張子正蒙注》，收入氏著：《船山全書》（12）（長沙：嶽麓書社，1998.11），頁145。

謂「器」、「數」、「名」，乃是相連著現象之聞見而產生的抽象之思維系統以及具體之存在架構，換言之，若以今日術語言，就是科學的思想以及科學發明出來的形形色色的技術及其實踐施作。

至於「德性之知」，其實就是「德性」，人若盡其德性，則是船山所言：「盡性者，極吾心虛靈不昧之良能，舉而與天地萬物所從出之理合，而知其大始，則天下之物與我同源，而待我以應而成。」[25]又說：「德性之知，循理而反其原，廓然於天地萬物大始之理，乃吾所得於天而即所得以自喻者也。」[26]所以，德性，即人之道德本心，乃天之所賦予，而使人的生命具有超越性、始源性。此方面的體證性追索，在熊十力先生，就是「玄學」。

張橫渠區分心知之德性和見聞之雙元觀，亦有其長遠的典籍的根據，我們縱觀《易傳》，實亦存在明顯的二分思維。譬如〈乾‧象辭〉曰：

> 大哉乾元，萬物資始，乃統天。雲行雨施，品物流形，大明終始，六位時成，時乘六龍以御天，乾道變化，各正性命，保合太和，乃利貞，首出庶物，萬國咸寧。

此段文句顯示的是儒家的創天生地滋養萬物的本體宇宙論，「乾元」就是天地宇宙及一切生命萬法的創造本體，此種論述，其實就是玄學之知，是德性之知。而奇妙之處在於《易傳》的儒家所體會的「乾元」，固然一面是本體宇宙之本，一面則是心性之本，謂之

25　同上注，頁 144。
26　同上注。

仁體誠體，著重心靈對於一切生命萬法之明覺感知。換言之，在宇宙謂之「乾元」，而在心性則謂之「仁體」，兩者本來就是同一。而心性之仁體的感知，在〈乾・文言〉這樣說：

> 夫大人者，與天地合其德，與日月合其明，與四時合其序，與鬼神合其吉凶。先天而天弗違，後天而奉天時，天且弗違，而況於人乎？況於鬼神乎？

所謂「大人」就是聖人，德性完全圓滿的人格，此句乃申明大人的德性境界，這段文句之構造是舉自然界之存在，如天地、日月、四時，以及超越界的存在，即鬼神；大人的造境不能在虛無飄渺的空空如也之處造之，必是在天地、日月、四時以及鬼神的契合符應如一之中而造出仁心德性之境界。

明儒來知德詮釋之曰：

> 合德之下，總言大人所具之德，皆天理之公，而無一毫人欲之私。若少有（按即：稍有）一毫人欲之私，即不合矣。天地者，造化之主；日月者，造化之精；四時者，造化之功；鬼神者，造化之靈。覆載無私之謂德；照臨無私之謂明；生息無私之謂序；禍福無私之謂吉凶。[27]

來知德詮釋天地、日月、四時、鬼神等自然存有物和超越存有物，

---

27 〔明〕來知德：《易經來註圖解》（上）（臺北：天德黌舍，丙辰年），頁 298-299。

均一致曰「造化」，所謂「造化之主」、「造化之精」、「造化之功」、「造化之靈」等。而綜合為一，則統稱為「造化」，其實也就是從乾元創生而演化的生生不息之省稱，或許亦可曰「自然」。來氏說造化是「無私」的，的確，大自然的運生演化，本即無私，即「覆載無私」、「照臨無私」、「生息無私」、「禍福無私」。

　　既然自然造化是無私的，《易傳》有一最關鍵的精神，就是要求人之言行需法天地無私運行之德，所以，也必須是實踐以無私之德的，這就是來知德此句話語所言：「皆天理之公，而無一毫人欲之私。」然則，如何表現呢？來氏曰：

> 合序者，如賞以春夏，罰以秋冬之類也；合吉凶者，福善禍淫也。先天不違，如禮雖先王所未有，以義起之，凡制未甜，作書契之類，雖天之所未為，而吾意之所為，默與道契，天亦不能違乎我，是天合大人也。[28]

此言文明禮制，譬如春夏之時節生命旺盛成長，故行賞；秋冬之時節萬物肅殺殞滅，故行罰，乃以人文配合自然。善行有福報而惡行有惡報，是人之吉凶是由善惡之行感召自然之運加諸其身。至乎農耕和文字的發明與運用，亦屬人文與天道的默然符應，故文明是承天道而發行，乃「天合大人」，這是「先天而天不違」。來氏又說：

> 奉天時者，奉天理也。後天而奉天時，謂如天敘有典，而我

28　同上注，頁 299。

悖之；天秩有理，而我庸之之類，雖天之所已為，我知理
之，如是，奉而行之，而我亦不能違乎天，是大人合天也。
蓋以理為主，天即我，我即天，故無後先彼此之可言矣。天
且不違于大人，而況于人，乃得天地之理以生，鬼神不過天
地之功用，雖欲違乎大人，自不能違乎天矣。**29**

此段申明人奉天地之理而實行其文明，不違逆天理，而依天道行
之，於是人就與天道相合一，在心性道德上言，是如此，在世界生
態上言，亦是如此；前者是說人之心性遵從道德而為有德君子，後
者是說人之生活須配合環境生態而使世界得以永續。

　　總之，我們將來知德的注解綜合為一，他詮釋了〈乾·文言〉
之「大人與天地合其德，與日月合其明，與鬼神合其吉凶，先天而
天弗違，後天而奉天時」的文句，主要在於舉出〈易傳〉的天人合
一觀，天人之道合一或本是一，是中國儒家的基本之本體宇宙論
（onto-cosmology），從這個基本觀點衍生，儒家必然尊重大生廣生的
自然與文明生態生生不息的永續環境倫理。

　　以上所述，表明《易傳》的天人和合為一或本來是一的哲理，
在熊十力先生，則可說是《易》之玄學。而儒家畢竟與道釋兩家不
同，後兩家著重心之內照境界，相對言，儒家之仁心的由內往外的
實踐，不僅僅是內照的心光朗朗的向外觀照而已，而是以客體架構
之施設來加以實現仁體，此處即需世界的各類實用性的知性之認
知，茲舉《易傳》章句以明之。《易·繫辭傳》曰：

29　同上注，頁 299-300。

> 古者，包犧氏之王天下也，仰則觀象于天，俯則觀法于地，
> 觀鳥獸之文，與地之宜；近取諸身，遠取諸物，於是始作八
> 卦，以通神明之德，以類萬物之情。[30]

我們今天使用的成語「仰觀俯察」就是出自這裏。此段文句表現的
全然屬於古人對於天地空間和自然環境的積極之觀察態度。如來知
德的注解說的：

> 法，法象也，天之象，日月星辰也；地之法，山陵川澤也。
> 鳥獸之文，有息者，根於天，飛走之類也；地之宜，無息
> 者，根於地，草木之類也。〔……〕近取諸身，氣之呼吸，
> 形之頭足之類也；遠取諸物，鱗介羽毛，雌雄牝牡之類也。
> 〔……〕萬物之情，不外天地雷風，八者之情。〔……〕[31]

據此注解，古者包犧氏的觀察天文地理以及天地之間的一切存有
物，循此以往，是對遠近上下等等存在的現象，進行實際的觀察、
研究、分析以及分類，這是一條建立客觀知識的路徑，這在現代語
言而言，就是熊十力先生所說的「科學」。有觀察實證之科學的建
立和發展，文明的實際客觀架構方能製作而撐持起來，譬如：「斲
木為耜、揉木為耒，耒耨之利，以教天下」，[32]就是農業文明的客

30　見《易・繫辭下傳，第一章》。
31　〔明〕來知德：《易經來註圖解》（下）（臺北：天德黌舍，丙辰年），
　　頁 1343-1344。
32　《易・繫辭下傳，第二章》。

觀性,是有科學實證的「農業學」之創作和發展。又如:「日中為市,致天下之民,聚天下之貨,交易而退,各得其所」,[33]此即商貿文明的客觀性,一樣也需有科學實證的「經濟學」和「貿易學」的創作和發展。再又如:「刳木為舟,剡木為楫,舟楫之利,以濟不通,致遠以利天下」,[34]這就是指造舟船的工技以及用之以航行於水上的航船之科技,是交通和運輸文明的客觀性,是有科學實證的交通運輸的機具製作以及「交通學」、「航運學」的創作和發展。以上舉此三例,表示《易傳》呈現了古代儒家除了十分重視本體宇宙論的玄理,他也同樣重視並宣揚他那個時代的科學,縱然上古的科學今日看來,或許初萌而幼嫩,可是其經傳之文表現的卻是古儒重視或起碼不輕忽實證科技的心靈。玄學與科學在上古儒家是並行雙彰而不偏廢的。

我們徵引了橫渠、船山、來知德以及《易傳》等內容析論了古代儒家本來就具有科玄之學的體證和認知。熊十力先生的科玄學的見解乃是從古代儒家傳承而得,並非懸空思考而來的區分。

然則,剋就科學、玄學二者之間在人的心靈作用上,是如何取徑?他說:

> 余以為就宇宙論言,善談本體者,一方面須掃相以證體,相者謂現象界,若執取現象界為實在者,即不能見體,故非掃相不可。然另一方面,卻必須施設現象界,否則,吾人所日常生活之宇宙,即經驗界,不得成立。因之,吾人知識無安

33　同上注。

34　同上注。

足處所,即科學為不可能。[35]

熊先生的意思是玄學乃談本體者,必須在心靈中有以「掃相」,就是將現象加以掃除,亦即不可執著泥執於現象而不放,如此一一掃除,到最後面,會有一個無可掃除者,那不是現象而是心靈本身,一旦豁然開朗,那就是本心,也就是道心、仁心,或說是天心,這個心之本身也就是宇宙之本體。

掃相的心靈工夫,在儒家有,如《論語》中孔子所言:「無意、無必、無固、無我」就是。在佛家,掃相是最根本的入路,若缺少這一層工夫,則不必談佛法。經云:

> 佛告須菩提:「諸菩薩摩訶薩,應如是降伏其心。所有一切眾生之類,若卵生、若胎生,若濕生,若化生;若有色,若無色;若有想,若無想,若非有想,若非無想,我皆令入無餘涅槃,而滅度之。如是滅度無量、無數、無邊眾生,實無眾生得滅度者。何以故?須菩提!若菩薩有我相、人相、眾生相、壽者相,即非菩薩。」[36]

佛說菩薩度化一切眾生,就是使一切眾生最後都能進入「無餘涅槃」,要能如此,則在心靈中必須有一種境界,那就是心中根本無有一切眾生之相的執取。也就是行菩薩道時,無有我、人、眾生、壽者的形相在心中執著存取。若有執著存取,就無法保任佛心之本

35　熊十力:《十力語要》,頁 164-165。

36　見《金剛經・大乘正宗分第三》。

身。此有點像「物來鏡照、物去鏡空」的意思，心鏡本空，也就是本來無相，若心中有相，應予掃除，掃除一切相就是掃相工夫，無相執著存取之心，方是本來佛心，這在經上曰「阿耨多羅三藐三菩提心」，依此心謂之菩薩。佛復曰：

> 復次，須菩提！菩薩於法，應無所住，行於布施。所謂不住色布施，不住聲、香、味、觸、法布施。須菩提！菩薩應如是布施，不住於相，何以故？若菩薩不住相布施，其福德不可思量。〔……〕[37]

> 須菩提！於意云何，可以身相見如來否？不也，世尊，不可以身相得見如來。何以故？如來所說身相，即非身相。佛告須菩提，凡所有相，皆是虛妄，若見諸相非相，即見如來。[38]

佛理的真諦在彰著如來，亦即顯照「一真法界」，此取徑，佛清楚直接說到心的作用的「不住於相」，亦即心思不執著執取「色、聲、香、味、觸、法」。依佛法名相，謂此六者為「六塵」，換用現代名詞，就是指稱一切現象。以佛教觀點，一切現象都是因緣聚合之無自性的有限性存有，它隨因緣的變遷異化終將幻化，故說「凡所有相皆是虛妄」。將這一切現象或所謂「所有相」都在心靈中加以去之，去之再去之，最後面無可去除者，就是如來真常之心的本身，這就是佛。

37　見《金剛經・妙行無住分第四》。
38　見《金剛經・如理實見分第五》。

　　所以，以佛教的般若經典而言，掃相就是般若工夫，得到的如來佛性心，就是修為佛法的終極關懷。此與儒家是一樣的。而在熊十力先生來說，此種心靈進路，即屬「玄學」。

　　掃相工夫，在道家亦是重要的關鍵。老子曰：「為學日益，為道日損。損之又損，以至於無為，無為而無不為。〔……〕」[39]王弼解「為學日益」曰：「務欲進其所能，益其所習」；又解「為道日損」曰：「務欲反虛無也。」[40]故知「為學」，就是科學之路，而「為道」就是玄學之路，在老子的玄學，也一樣是「掃相」，不斷將心知掃而又掃，最終歸返清虛而無一物執取的道心，這就是為道的目的。

　　老子道家之心性學，純然是「為道日損」之路向，老子用一些名詞表達，如自然、玄德、母、雌、牝、谷、谿、素、樸……等，來形容或比喻道心返歸合一於大道。譬如：「有物混成，先天地生，寂兮寥兮，獨立不改，周行而不殆，可以為天下母，吾不知其名，字之曰道，強名之曰大，大曰逝，逝曰遠，遠曰反。故道大，天大，地大，王亦大。域中有四大，而王居其一焉。人法地，地法天，天法道，道法自然。」[41]此章句點出「道」的概念，它是天地所以生成之母親，然而依章句的邏輯，道並不是某一種超越於天地生命之外的存有者，如基督宗教的「上帝」，道的真正本質就是天地生命本身的「自然」。王弼注釋「人法地，地法天，天法道，道

39　見老子：《道德經》，第48章。

40　〔魏〕王弼：《老子王弼注》，引自樓宇烈：《王弼集校釋》（臺北：華正書局，1992），頁127-128。

41　見《道德經》，第25章。

法自然」，曰：

> 法，謂法則也。人不違地，乃得全安，法地也；地不違天，
> 乃得全載，法天也；天不違道，乃得全覆，法道也；道不違
> 自然，乃得其性，法自然也。法自然者，在方而法方，在圓
> 而法圓，於自然無所違也。自然者，無稱之言，窮極之辭
> 也。〔……〕[42]

依王弼，人不可違逆大地法則，而大地也不違逆天穹法則，至此，
其實就是指我們仰觀的以及頭頂著的蒼蒼者天和俯察的以及腳踩著
的博厚大地，亦即是今天所謂的大自然環境，人是不可違逆其法則
的，在心思和行為上，都順應天地法則，何以先說人法地？乃是因
為農業文明的一切人文，皆賴乎大地的土壤、水分、營養等要素的
支持，而何以又說地法天？乃是因為大地上的土壤、水分、營養以
至植物農作的生長，均賴乎天空的陽光、風、雨、氣溫等要素之支
持。但是這一切，老子並沒有由此就順科學之路而進一步去追究大
地法則和天空法則的結構、組織、內容，卻是返回到玄學，直接點
明天地與人都必須法道，在這裏，所謂「道」，即是玄學中的道，
是本體存有論意義下的道，其本質，依老子謂之「自然」，而王弼
則告訴我們，道家的道之自然，是「在方而法方，在圓而法圓」，
這句話的意思也就等同於譬如「是馬就要順馬的動物本性，是魚就
要順魚的動物本性」，或亦等同於譬如「是草原就要放開讓開而天
然的草依四季而生息，是熱帶雨林就要放開讓開而天然的熱帶雨林

---

[42]　同注 40，頁 65。

終年長青」，完全回歸到天地大自然環境的生態系本質中，才是老子的智慧。而此種觀照，是玄學並非科學，亦必須透過「日損掃相」的工夫才能達至的。

然而，佛家和道家對於現象界豈無任何安頓？換言之，佛道兩家難道只有掃相的玄思而沒有世諦之學耶？

以道家言，老子總體地看來，不積極正面論說外在性貼切符合現象之知識，但他也消極地認知到由於世間的現象和事務，畢竟發生、演變而存在，所以在《道德經》中亦有提到，其曰：「〔……〕知其榮，守其辱，為天下谷。為天下谷，常德乃足，復歸於樸。樸散則為器，聖人用之則為官長。〔……〕」[43]這個所謂「樸」，就是大道，唯有道之樸，才為真。但是這個真樸之大道，並不是一個死物，也不是抽象的停留在大腦中的想像，它自然而然地生生天地萬物，因此，我們生活在天地之間，乃是在紛繁盛賾的各種現象之系統裡。王弼注釋說：「樸，真也。真散則百行出，殊類生，若器也。聖人因其分散，故為之立官長。〔……〕」[44]依此，則此世間是乃充滿形形色色的事物以及組織起來的器物，而其實也就是自然與人文的總體結構和組織，因而聖人也不得不因為這個具體的自然與人文統合在一起的世界之需，而創立「官長」以經營處理；官長拿什麼來經營處理？當然不能純粹是玄學，他需要實務的知識之學，也就是科學。

佛學如何？我們若是接觸過佛法，都知道「真諦」和「俗諦」是佛學中的雙元辯證的心物之法的存有。從「真」而入，在佛家

43　見《道德經》，第28章。

44　同注40，頁75。

言，即是「觀空」；從「俗」而入，則是「觀假」，而在後者之觀
照中安立世俗知識系統，牟宗三先生說：

> 菩薩和小乘不同，菩薩從空開假，他觀空以後還要開假，就
> 是從觀空的普遍性進到 particular。假都是 particular。假就
> 是假名法，到菩薩道才能把握到這個假。一切現象照佛教說
> 都是假名，如幻如化，這些就是 particular。所以菩薩對於
> 特殊的法有具體的知識（concrete knowledge），沒有具體的知
> 識不能成菩薩道。[45]

菩薩實踐佛教的慈悲大愛，不能僅僅只有菩提心，他必須還要具備
「具體的知識」；菩提心是觀空而有的「同體大悲，無緣大慈」，
而「具體的知識」，則是由空中所觀照保任的「假法」，假法因緣
各種現象而有，並非虛無，只是「無自性」。同理，世間眾生及其
文明均由因緣和合而有，並非虛無，只是有窮有限，但依然有其內
容和結構。菩薩行佛之慈悲於世間，當然需要針對世間眾生及其文
明之內容和結構的具體知識，譬如一位具足菩薩道菩提心的良醫，
是必須同時具備高超優越的醫術的，沒有醫術，光有菩薩心腸，他
如何治病救人？道心是觀空境界，而醫術則是緣假而行佛道的科
學。

　　現在我們再返回熊十力先生的玄學與科學的論述。熊先生觀看
科玄之間的關係，不會像他那個時代的一大批受「五四運動」影響

---

[45]　牟宗三：《中國哲學十九講》，收入氏著：《牟宗三先生全集》（29）
　　　（臺北：聯經出版公司，2003.11），頁37。

下的淺薄「西化派」，只有「泛科技主義」，他於科學與玄學有所調和。熊先生認為學者探索真理，有從科學的途徑來析觀宇宙者，此途徑的目的地乃得出現象分殊之類型的認知，會失落了整合一體的觀照和證會，因此從科學而得到的真理，猶不免支離破碎。熊先生主張須要有所匯歸或依附，此則賴有玄學，通過玄學而明示宇宙的渾全本質。此取徑，是在分殊的現象上，心靈不執取這個分殊之相，即於分殊相上超越地證見「實相」。[46]實相的證知，是玄學之路。科學家則是通過科學分析的方式，將現象從整體給予解剖，而在部分之中進行研究，因此看不到一個整體的實相，則科學家習慣一久，其人生態度不免窄小而細碎。

熊先生認為玄學體證整體性的實相，而科學若無玄學之提撕保任，則不免陷入瑣碎。他說：

> 渾全不是離開一一分殊的，而別為空洞之一境。又不是混合這些分殊的而作成一個總體。卻是即此一一分殊的而直見其即實體之呈顯。易言之，即於宇宙萬象而不計著為物界。但冥證一極如如。（一者，言其無待，極者言其為理之極至。如如者，常如其性故。蓋於分殊而識其本體，當下即是真常。）[47]

---

46 熊十力曰：「學者探索真理，則有由科學之途，析觀宇宙，得其分殊，而竟昧其全者，似其所得之真理，猶不免支離破碎，而須要有所匯歸或依附。若爾，則賴有玄學，明示宇宙之為渾全的。其所以為渾全的，乃於分殊相上，不執取此分殊相，即於分析相而見實相。」見熊十力：《十力語要》（臺北：明文書局，1989.08），頁 165。

47 同上注，頁 166。

這段敘述表明熊先生的科玄關係觀，「渾全之境」是由玄學思維得出，而「一一分殊」的知識則是由科學驗證得出，但是「渾全之境」並非心靈懸空幻想而得到的，也不是透過科學實證之方式，合計了各各現象而得出的數量意義下的總數體。然則，此「渾全之境」實為人之心靈從具體紛繁、一一分殊的現象事物中，超越直觀而體悟的一體境界，熊十力先生用「冥證一極如如」來言之。

　　上述是偏向玄學之路，好像不在乎科學，其實不然，熊先生接著說：

> 體則法爾渾全，用則繁然分殊。科學上所得之真理，未始非用之燦然者也。即未始非本體之藏也。（用者體之用，故《易》曰藏諸用，藏字義深，如本體是頑空的而沒有用，即現象界不能成立，科學亦不可能，焉有所謂科學之真理？唯體必有用，所以科學有可能，而其所得之真理，亦可說是依實體顯現故有，所以從本體方面說，此理亦是他所內涵的，故謂之藏。）如此，則玄學上究明體用，而科學上之真理，已得所匯歸或依附。[48]

若就玄學之路言，則在本體宇宙論的角度，我們可以為這個世界或存有設立「體用」，體者，本體也；用者，本體顯發表現之現象也，若本體未有其顯發之現象，則成為頑空之體，此種頑空之本體，是虛幻不實的。依熊十力先生，我們體證體用的存有，是依玄學，此為法爾渾全，乃是在心靈中的感悟之境界，而若剋就此世界

48　同上註。

的繁然分殊的大用（也就是現象）之結構、組成、分子⋯⋯等之認識，則不是玄學之心境，而應屬於科學之路。但一切科學認識的現象，其有內在或超越的本體以為其所以存有的根據。

　　論說至此，熊先生乃更進一步析分了玄學和科學的本質。他說到玄學上的真理，決不是知識的，即不是憑理智可以相應的，然雖如此，玄學決不可反對理智，而必由理智的，走到超理智的境地。[49]換言之，玄學之路並不排斥否定以理智為思維方式的科學之路，但必穿透過去而邁向超理智的直觀境界。熊先生就以佛家為例而詮釋之。他說：

> 佛家對於世間所謂宇宙萬象，確曾做過很精密的解析工夫，決不是糊塗的漫然否認現前的世界。〔⋯⋯〕一般人對佛家這種看法，似乎沒有錯，然或者只看到如此而止，則不同小小錯誤，卻是根本不了解佛家。須知，佛家唯一的歸趣在證會。而其所以臻於證會之境地，在行的方面，有極嚴密的層級，在知的方面，則任理智而精解析。至其解析之術，精之又精，〔⋯⋯〕他不獨對物界來解析，就是對內心的觀察，亦用精嚴的解析術。〔⋯⋯〕[50]

熊先生的意思在於佛學的目標雖然是證會萬法皆空，此目的地是玄學之路達到的心靈體悟諸法緣起畢竟無自性之後的如來清淨菩提道。但是佛祖為了證明心法都是因緣和合一切掃落而畢竟無心無法

49　同上注，167-168。

50　同上注，頁168-169。

可得，他特別著重對於心法之結構之解析之功，因此，若依唯識法相之說，則名相繁複，且析論心法之層層類型及其關聯，不下於今日之心理學，心可以析分為眼、耳、鼻、舌、身等「五根」（即身體感官）所對的色、聲、香、味、觸之「前五識」（即通過感官而有的識覺），第六根是「意」，而其所對之「第六識」即是「法」，此所云意，就是心理學上所指的心理層之心，它能綜合統覺前五識而得到心理所觀照而覺知的現象界之存在，然而，佛家法相宗在這前面六根六識之更深層幾微之地還設立了第七識，謂之「末那」，有許多人稱此識即心理學上所言的潛意識，實則不然，「末那」也者，即是人心之所執，執於我、人、眾生、壽者之我執和法執，它是甚深甚深的一種生命和心靈的執取，不是所謂潛意識。在第七識之後則是最深最微的人之真正的根本，是第八識的「阿賴耶識」，此識如田，可植善種亦可植惡種；或如庫，可藏善之幾亦可藏惡之幾，種或幾之生出或含藏，就稱之為「業」。阿賴耶識不隨肉身之四大敗散而消失，它是帶著「業」而進入「六道輪迴」的。由上簡單分析，我們發現唯識法相宗之印度思想家，確是就心理學或心理現象學的進路而十分深入幾微地實證一種不下於現代西方心理學的心理體證。我們可以得到一個推論，就是佛門如果不遮撥、呵毀、貶斥「生滅門」中的一切有為法，而相反地，能夠視之為可以依康德所說的「知性理性」（Theoretical Reason）所積極性地為自然立法，如此地為心識覺知的現象立法，則當可發展佛教系統的科學。

　　熊十力先生在其許多著作中常說籌劃撰寫「量論」，就是為東土之道術開闢一個知識論，而在此知識論的基礎上建構東土的客觀知性意義的科學。惜乎熊先生終身未能創作出「量論」。但其傑出弟子牟宗三先生則於其著作中正式提出一個重要關鍵命題：「良知

自我坎陷，開出知性主體」，此意是說且讓「德性之知」暫時退居於旁邊，而讓「見聞之知」站在主人翁的位子來自我作主，以統覺綜合一切現象的知性理性開展出現象義，此即是為自然立法，即科學。牟先生此說，乃是從《大乘起信論》的「一心開二門」之基本取徑而來的觀點，若就《大乘起信論》之二分說言，則「心真如門」有積極性，它是成佛之門，是真如清淨心、佛心；而「心生滅門」，則無積極性，是帶有貶斥呵毀之意思的，它是凡夫不能覺悟之門，是生死輪迴染污之心，是「業識」。然而，若是能夠脫離佛門出世法的立場而正面就現象之「假」而觀其緣起相的系統，就此系統而研幾探索，此亦可以為緣起相的現象來認知其系統，為此系統而立論，這就是科學。

　　熊十力先生的思想，是以儒家為主軸的，他並不否定現象也不貶抑生滅，因為他的最終信念不是跟從佛家空有二宗，而是儒家的《大易》，特別是乾坤二卦的生生不已、健動不息的精神。[51]他對於科學意義的空間時間之義，有著令人驚奇佩服的把握和了解。他說：

　　　　我以為空相和時相，若剋就物言，只是物的存在的形式。我們假設物是有的，即是存在的。如此，則凡物定有擴展相，否則此物根本不存在。由擴展相故，方乃說物是存在的。亦復由擴展相故，即顯上下四方等空相。故知空間非實有，只

51　熊十力先生在早年至晚年的許多重要著作中皆歸宗於生生健動的《大易》，可以細讀熊先生的《新唯識論》、《十力語要》、《讀經示要》、《原儒》、《體用論》、《乾坤衍》等。

是物的存在的形式。又凡物定有延續相，若延續義不成者，
即此物根本不存在。由延續相故，方乃說物是存在的。亦復
由延續相故，即顯過現未等時相。故知時間非實有，只是物
的存在的形式。[52]

這一段話語，熊先生論時間、空間與物之間的關係，由物的擴展相
和延續相而突顯空間時間的存在，並且指出時空並非主體性的存
在，乃是由於物的擴展和延續而顯示出來的相狀。此種論述，完全
是愛因斯坦的相對論出版流行之後才為世人所認知，是最現代的科
學之時空觀念，熊十力先生在他的時代，將這樣進步的科學融入其
哲學巨著《新唯識論》，不能不令後人嘆服。

愛因斯坦的「相對論」確實影響熊十力先生甚深。他說：

整個的空間，與不斷之流的絕對時間，只是主觀方面，因歷
物之久，乃依各別的空相，而構成一抽象的概念已耳。又因
空時，只是物的存在的形式故，故知空時是不可分離的。又
復應知，各事象相互間，復別形成各個空時系列。如於某日
午前十時，乘飛機，由重慶上空，飛赴昆明。中途若不遇障
礙，當以幾時到達。又如某時，坐汽車，由重慶開赴昆明，
中途若不遇障礙，當以幾時到達。我們試想，飛機速度與航
程所經各地段之距離相組合而成之空時系列，較之汽車速度
與航程所經各地段之距離相組合而成之空時系列，兩方迥然

---

[52] 熊十力：《新唯識論》（臺北：明文書局，1991.01），頁356。

不同。準此，已可知空時系列之不一。[53]

　　熊先生以重慶和昆明之間的運動類型來論時空系列有所不同，一以飛機航行，一以汽車運行，由於運動速度的差別，再加上運動物體之摩擦阻力之不一樣，所以，兩者的空間和時間呈現出來的系統顯然是不相同的。這種現象，在地理學界稱為「時空縮斂效應」，而地理學此空間論，乃是在愛因斯坦的相對論問世之後，受其影響，由牛頓式的「絕對空間觀」轉變為愛因斯坦式的「相對空間觀」，因而才認識到時空並非客觀物，它只是物體運動速度的一種形式，故飛機的時空形式與汽車的時空形式必然不一，因為兩者運動的速度有甚大差異之故。

　　基於上述，我們發現熊十力先生雖然是一位堅持中華文化本位的儒家，他的思想源於中國傳統的儒釋道三家之學，他不是西學者，當然更不是「西化派」亦非「馬列主義」者，但他顯然透過中譯之西書而涉獵並理解了西方當代的重要科學理論和觀念。對於愛因斯坦的「相對論」以及因此而推展出來的時空相對性及時空縮斂效應之學理，居然認識得清楚且深入。依此，我們必須承認當代新儒家並不會死守傳統之玄學式的心性論、宇宙論，而其實從熊十力的著作中可以明白當代新儒家對於科學學術的肯定和積極性之態度。

　　我們還要追問「當代新儒家」，就以熊十力先生為代表，他的科學觀是「牛頓‧笛卡爾」典範的科學觀嗎？此種科學觀是「自然控制觀」也是「機械論」（Mechanism）的，視自然、生命為一種機

53　同上注，頁357。

械，且更進一步類比，文明亦屬機械，是零件和組件併列組裝而形成，所以可以分割、解剖、控制而分別操作分別認識。且讓我們看熊十力先生自己的論述，他說：

> 難者（筆者按：指批評熊先生的觀點者）徒驚歎於空間之浩大，星辰之數量與容積之多且廣，及天文時間之冗長。益復致慨於生物或人類之晚出而且偶然。此種意思，實因將自然界析成段段片片，而不悟自然確是一個不可分截的完整體，須知，無量星球，互相關聯，互相影響，而為一有組織的機體。正似一個人的身體，是許多互相關聯的組織細胞結構而成。從吾儕具有心靈的人類或有機物，追溯到地球，及此太陽系，並所屬之衛星，乃至星雲、銀河，和銀河以外的一切，恁地廣漠的萬有，純是互相聯屬的一完整體。（恁地，猶言如此。）其呈著萬象，實有秩序，而非混亂。其發展，自眾星，迄於人類心靈昭顯，蓋一本於穆然不容已之真，而非機遇。（穆然，深遠貌。）不容已者，至真之極，德盛化神，如何可已？機遇者，偶然義，夫自無機物，而至有機物與人類，始顯心靈。乃不容已之真，所必至者，何可謂之偶然？因為大自然是一完整體，所以其間絕沒有偶然，絕沒有混亂。難者如果了解自然為一完整體，則知生物或人類，本與自然為一，而不可分。又何至妄疑心靈非自然之本性，而以為偶爾發現耶？（本性，猶言本體，吾人之本心，即是自然之本性，非有二本也。）[54]

54　同上注，頁 397-398。

熊十力先生如此一大段論述，筆者特稱之為「整全生機論」
（Holistic Vitalism），[55]其實，在東土的儒釋道三家以及陰陽五行說，
皆屬於「整全生機論」的自然宇宙觀，亦視人文與天文屬於一本之
體。熊先生的此段行文，舉凡所謂「片片段段」、「機遇」、「偶
然」、「二本」、「混亂」等語辭，皆是指「笛卡爾・牛頓典範」
下的現代之自然科學的觀點，在此觀點之演進中，人類遭逢的「現
代性」，令人與自己、人與他人、人與社會、人與文化、人與自
然，均進入「片片段段」、「機遇」、「偶然」、「二本」、「混
亂」的狀態。相反地，若是依據「整全生機」典範，則人乃能進入
「整體」、「穆然真實」、「不容已」、「一本」、「秩序」的狀
態。

　　依據整全生機之典範，熊十力先生提出如下觀點：

> 自然為一完整體故，其間各部分，互相通貫，而亦互為依
> 持。此一部分，望彼彼部分而為能持，即彼彼皆為此作依
> 屬。彼彼部分，亦復望此而為能持。即此，通為彼彼作依
> 屬。彼彼相望，互為能持，互為依屬。故一切即一，一即一
> 切，大中見小，小中見大。萬物互為依持，莫不為主。亦莫
> 不相屬，是以不齊而齊，玄同彼是，紛乎至賾，而實冥然無
> 對也。[56]

55　關於「整全生機論」的論述，可參閱潘朝陽：〈整全生機論自然宇宙觀：
　　　人與自然和諧的環境倫理──以《聖經・創世記》為主的詮釋〉，收入氏
　　　著：《心靈・空間・環境：人文主義的地理思想》（臺北：五南圖書出版
　　　公司，2005.12），頁 139-176。

56　同注 52，頁 398-399。

熊先生這一段話語，其思想乃源於儒家《大易》，亦源於佛家《華嚴》，兩家均主張生命心靈以及有機無機一切萬法都是互相關聯而為一本亦屬同體。熊先生不必然有現代的生態學之基本認識，可是顯然在「整全生機觀」的典範下，熊十力先生的自然和諧觀念下的科學觀，與當代的生態學的和諧論之觀念，是若合符節的。

　　或曰上述只是當代新儒家之自以為是的想法？學者魯樞元不是當代新儒家，而他說：

> 在中國傳統文化中，世界的整體性，幾乎就是一種先天自明的預設。對於這一點，當代新儒家的一些代表人物曾有許多精辟的論述。如方東美指出：與西方「邏輯清晰的分離型」宇宙觀不同，東方文化的基本精神在於視宇宙為渾然一體、浩然同流、天人合德的生命和諧的有機體。杜維明則說：中國古代人心目中宇宙，不僅是物質的，同時也是富有生命活力的，是由若干動態的能量場而不是由靜態的實體構成的。〔……〕
> 中國古代文明，其高度的有機性、整合性、生生不息的綿延性，充溢著濃郁的生態文化精神，正可作為人們創建後工業社會的一種寶貴的思想資源。〔……〕 57

魯氏此段敘述清楚指出方東美和杜維明前後兩代「當代新儒家」的自然和諧的科學觀，與熊十力先生的思想是一致的，而更重要的是

57　魯樞元：《生態批評的空間》（上海：華東師大出版社，2006.09），頁67。

有別於機械論的「自然控制觀」的此種「整全生機觀」，亦非「當代新儒家」的獨家之意識形態，而是中國古代文明中的共同心靈。

　　我們亦可舉日本學者之言論來進一步證明熊十力先生或當代新儒家的整全生機論，乃是源發於東方文明的人文與自然和諧的倫理。岸根卓郎說：

> 東方富裕的「森林大地」是豐富的「森林生態系世界」，所以，這裏就是「輪迴轉生世界」的源頭，並且，這種輪迴轉生世界，神與自然與人成為一體，也是輪迴的「圓型世界」，因而，破壞這一圓型的一部分（例如自然），同時，也是侵蝕自身，最終整體破壞。
>
> 因此，我認為：在森林大地輪迴轉生世界中誕生的東方自然觀，必然向著「自然親和型、自然共生型自然觀」或者「物心一元論型自然觀」發展。[58]

岸根認為東方世界源生於森林生態系，是一個包融神、人、自然為一體的輪迴轉生世界，它是自然親和、共生型的或物心一元型的整體合一之自然或世界。岸根源於東土哲學之自然觀點無疑也是「整全生機」的科學觀。岸根又說：

> 東方的自然觀，是將物質與精神視為一體的「有機論的自然觀」和「物心一元論型自然觀」。即東方自然觀的特徵表現

---

[58]　〔日〕岸根卓郎：《環境論——人類最終的選擇》，何鑒譯（南京：南京大學出版社，1999.09），頁184-185。

為：「宇宙是有機體的，是物質的，同時，又是精神的，是
不可分的實在。」

從而，這裏，引起物質運動和變化的力量，與古代希臘米勒
特斯學派的「萬物有神論者」的自然觀同樣，並不在於物質
的外部，而在於物質的內部。東方自然觀之所以被稱作「物
心一元論」（「物神一元論」），原因就在這裏。〔……〕59

岸根此處提到的「有機論的自然觀」和「物心一元論型自然觀」或
者「物心一元論」（「物神一元論」），其實就是「整全生機論」。
他認為東方自然觀之特色即是此種有別於現代西方的「笛卡爾‧牛
頓典範」的機械論式的「自然控制觀」之科學態度，而是很類似於
古希臘的「萬物有神論」的自然觀。兩者共同之處均是源於物質內
部而不是外部才是世界運動變化之力量，這個內部力量，在基督教
稱為「上帝」，在佛教稱為「法性真如」，在儒家稱為「仁」，在
道家稱為「道」。「當代新儒家」的科學觀正是掌握到這個樞機。

五、結論

　　現代的科學觀以「自然控制」為目的，它並非古代歐洲的原生
思想和技術，而是與現代化的現代性密切相關的「笛卡爾‧牛頓典
範」引生的現代科學觀。

　　本文嘗試說明「當代新儒家」對於此種現代性的科學觀有所反
省批判，而主張回歸東土本有的自然和諧性的科學觀，此種觀點是

59　同上注，頁 194-195。

「整全生機論」。

　　本文特別申論了當代新儒家唐君毅、牟宗三、徐復觀三位先生的科學批判，再詮釋第一代宗師熊十力先生的玄學與科學之對比之論，由此突顯熊先生的科學觀，當然，他的觀點是源生於東土哲學的「整全生機論」。

　　當代的「自然控制」形態的科學及其技術，形成人類學術思想的利刃，數百年來，對於地球、生命、生態以及文明，已經顯著地產生了日益嚴重的斫傷和殺戮。重返「自然和諧」形態的「整全生機論」之科學思考和行事，是非常重要的典範重返運動。

　　　本文初稿發表於「儒家思想與儒家文化」國際學術研討會（2014.11.21，成功大學中文系）。

肆　從中國古代儒家 到當代新儒家唐君毅的 有機農業形式的環境生態觀

一、前言

環境生態觀與人地關係（men-land relations）習習相關，中國由於大河的地理環境條件，故在上古發展了與天地高度和諧的中國形態的傳統有機農業文明，儒家的天地人和諧之整全生機之環境生態觀，是從此種農業文明提升出來的思想智慧。本文先說明中國的有機農業，再就中國古代儒家和當代新儒家的環境生態觀加以詮釋。

二、中國的傳統有機農業

中國文明發端於大河平原，從新石器時代開始，農業已經是主要的生活方式，新石器時代的遺址，譬如河南新鄭的裴李崗和河北邯鄲的磁山，大概距今八千年左右，已有房基、窖穴、陶窯和墓地，也發現有農耕工具、小米（粟）及家畜骨骼，已經是典型的農

村。[1]

　　源起於數千年或甚至幾近萬年前的中國農業，其基本精神是善用而非征服環境，村落多位於鄰近小河的臺地或丘陵上，並不是臨近大河。以華北言，新石器時代的村落遺址，絕大多數都是沿著黃河的支流或甚至支流的支流分佈，彼時之人居住並耕種於這些黃河支流的河岸數公尺至數十公尺的丘陵或臺地上，他們一方面有較寬廣的平坦面耕墾成田，一方面也近水源，且因在較高位置，所以也可防患洪災。此種模式，不僅華北如此，淮河、長江流域的新石器時代的文化遺址也十分類似，多居於近水的臺地或丘陵面上，譬如距今六、七千年前的浙江餘姚河姆渡文化遺址，就是以丘陵為靠背而面向較低窪的沼澤。[2]

　　中國起始於新石器時期的農業，華北是旱地陸種農作，有粟、黍、稷，這類小米農作最適宜黃河流域的地理環境。彼時長江流域的作物則是稻米，因為當地高溫多濕多沼澤的地理氣候條件正適合水稻的生長。而遠古就已存在於中國兩大流域區的遠古農村也飼養牲畜，藉以獲得肉食。彼時的中華南北兩區的家畜以豬為主。[3]

　　依上所述，中國農業文明起源甚早，在近萬年前的新石器時代就已在中國大地上面發展了北方小米耕作和南方水稻耕作的農業文明。由此可知，進入中國儒家典冊記載論述的堯舜禹聖王以及三代之治之後，中國文明以此種農業為基礎而發展，可說已是其根本形

1　梁庚堯：《中國社會史》（臺北：國立臺灣大學出版中心，2014.10），
　　頁1。
2　同上注，頁1-2。
3　同上注，頁2-3。

態。但是那麼久遠之前的農業應該是「原始農業」（Primitive Agriculture），人們對於自然環境還沒有多少破壞力，種植農作物並且也飼養牲畜，食物除了農作物之外，也有畜養的肉類，而此種原始農業系統的能量最初均源於太陽輻射，直接利用作物本身的光合作用，或間接以人力、畜力做功。其耕作是粗放的，基本上，只有種和收兩個環節；生產是一種不超過自然力負荷而略帶點掠奪式的生產，只取不給，土壤營養的持續，完全依賴自然植被的自我恢復，人對農業生態系統的干預能力很小，土地利用率極低，生產物無法完全滿足生命所需，還需補充以採集、狩獵。[4]

從新石器時代的原始農業出發而歷經了長久時間的演進，中國的古代農業逐漸變化成「傳統農業」（Traditional Agriculture）。中國的傳統農業是傳統的「有機農業」（Organically Agriculture）的典範。其已有數千年的歷史，它最大的特色是「精耕細作」，充分使用土地，但會積極養地，使地力常新，在耕作過程中增益有機肥而常持肥力，採取農畜結合，獲得充足的糞肥，且利用畜力作為耕田和農村動力，也結合畜力、人力、水力、風力等可更新持續的能源。同時也很重視保護自然資源，注重生態平衡，不敢過度開發或奪取。[5]

新石器時代的原始農業，大致上都是不灌溉的，可是中國農業文明進展到精耕細作的傳統農業，它就必須注意並實施更加細緻的農耕方式，而其中有一項很重要的農業和農村的工程即是「水利」。大禹是否確是一位真實的個人，此不是重點，但古代中國的

---

[4] 葉謙吉：《生態農業——農業的未來》（重慶：重慶出版社，1987.04），頁3。

[5] 同上注，頁4-6。

農業發展，若無某傑出領袖或某進步氏族出來領導庶民改進排水灌溉的渠道系統，農業文明怎能進步？中國古籍有甚多關於水利建設的記載，趙岡和陳鍾毅引述不少文獻來證明此事，他們說：

> 《尚書·益稷》說大禹「決九川距四海」及「濬畎澮距川」，應是有所本而述。《尚書》以後，還有不少有關修築農田排水工程的記載。《禮記·月令》說：「季春之月，〔……〕時雨將降，下水上騰，循行國邑，周視原野，修利堤防，道達溝瀆。」《論語》說夏禹曾經「卑宮室而盡力乎溝洫。」〔……〕西漢初人賈陸（筆者按：趙岡、陳鍾毅原文寫賈陸，誤，應是陸賈。）在《新語·道基》中說：「當斯之時，四瀆未通，洪水為害。禹乃決江疏河，通之四瀆，致之於海，大小相受，百川順流，各歸其所。」這些記載並非都是出於想像。早期的水利工程就是著名的溝洫制度，最具體的說明見於《考工記》：「匠人為溝洫，〔……〕廣尺深尺謂之畎。田首倍之，廣二尺深二尺謂之遂。九夫為井，井間廣四尺謂之溝。方十里為成，成間廣八尺深八尺謂之洫。方百里為同，同間廣二尋深二仞謂之澮，專達于川。」畎、遂、溝、洫的渠道網絡系統，也曾載於其他古代文獻。[6]

依此，中國傳統農業的水利工程已很發達進步，畎、遂、溝、洫就是人工構築的大小系統的渠道網絡，它不是自然江河湖池，而是中

---

[6]　趙岡、陳鍾毅：《中國農業經濟史》（臺北：幼獅文化事業公司，1989.06），頁 142-143。

國人在農業和農村大地上面規劃設計的人工渠道工程，趙岡和陳鍾毅強調此種溝洫渠道系統是古中國人為了排水而設計的水利建設，似乎中國傳統農業只顧排水出田而不需注水入田？其實，為了讓農耕順利，中國在全國推展的農業水利建設和維護，是朝廷君臣最關注的政治大事，被派任到地方擔任地方大員如知府或知縣，重視溝洫水圳的興築和維護，乃是一方面為了防洪，一方面也是為了灌溉。就以臺灣而言，清代治臺大吏沒有不重視其轄區的水圳溝洫之利的，如曹謹在鳳山建築水圳用以治洪灌溉，後人稱頌之為「曹公圳」，[7]又如清代臺灣大業戶施世榜在彰化平原興築「八堡圳」，[8]從此，彰化平原無水患，稻田亦得到豐沛之水的灌溉因而常年豐收。又或如清代臺北大地主郭錫瑠在臺北平原開築水圳引水灌田，臺北平原的水稻產量大增，後人稱頌之而稱為「瑠公圳」。[9]

7　清，曹謹，河南河內人，道光十七年春正月，奉旨知臺灣鳳山縣事。時鳳山縣無水利，謹乃集紳耆，召工匠，開九曲塘，築隄設閘，引下淡水溪（今高屏溪）之水以資灌溉鳳山平疇萬頃。十八年，巡道姚瑩命知府熊一本勘之，旌其功，名「曹公圳」。見連橫：《臺灣通史・循吏列傳・曹謹》（臺中：臺灣省文獻委員會，1976.05），頁 722。

8　清，施世榜，康熙三十六年拔貢。初半線（今臺灣彰化縣）開闢，平原萬頃，農功未啟。康熙五十八年，世榜集流民，以開東螺之野，並引濁水溪歧流以溉，工竣，而流不通。一日，有稱林先生者來見並願助之，遂相度形勢，指示開圳之正確方法，從其言而新闢之，流果通。此圳名施厝圳又名八堡圳，灌溉彰化平原八堡田地。見連橫：《臺灣通史・施、楊、吳、張列傳》（臺中：臺灣省文獻委員會，1976.05），頁 623-624。

9　清，郭元汾，字錫瑠，漳人也。乾隆間來臺，居淡水大佳臘堡。墾田樹穀，擁資厚。時拳山一帶多荒土，水利未興。郭氏乃主持興鑿，引新店溪之水，自大坪林築陂蓄之，並引水至溪仔口，又引至挖仔內，過公館街，抵內埔，分為三。溝澮縱橫，長數十里。臺北近附之田皆資灌溉，凡千數

　　總之，中國傳統農業文明是一種精耕細作的有機農耕，十分重視人文與自然的協和與共生。中國的主要思想體系其實是以此種著重人文和自然和諧的傳統農業文明為土壤基礎而創造的，無論儒家、道家以及陰陽五行家，都是在此種傳統有機農業文明的「氣場」中蘊藉培育而創生形成。

三、《論語》的農業形式之環境生態觀

　　儒家古典有不少儒家重視傳統有機農業以及由此演生出來的與生態環境相關之話語。本文茲以《論語》的相關章句予以闡釋。
　　孔子甚推崇大禹，他之推崇大禹不是從其摩頂放踵、整治洪水的事功而來，而是從重視農耕和建設渠圳之貢獻而稱頌之。

> 子曰：「禹，吾無間然矣！菲飲食，而致孝乎鬼神；惡衣服，而致美乎黻冕；卑宮室，而盡力乎溝洫。禹，吾無間然矣！」[10]

朱子注解此章曰：「『間』，罅隙也，謂指其罅隙而非議之也。『菲』，薄也。『致孝鬼神』，謂享祀豐潔。『衣服』，常服。『黻』，蔽膝也，以韋為之，『冕』，冠也；皆祭服也。『溝洫』，田間水道，以正疆界、備旱潦者也。或豐或儉，各適其宜，所以無罅隙之可議也，故再言以深美之。楊氏曰：『薄於自奉，而

百甲，佃人念其功，稱瑠公圳。見連橫：《臺灣通史・林、胡、張、郭列傳》（臺中：臺灣省文獻委員會，1976.05），頁 627。
10　《論語・泰伯》。

所勤者民之事，所致飾者宗廟朝廷之禮，所謂「有天下而不與也」，夫何間然之有！』」[11]大禹在孔子看來，是一位遠古聖王，他自奉甚儉樸，故衣著、居室均甚簡約，但對於宗廟祭典的宗教禮儀，則非常恭謹誠心，孔子點出遠古中國譬如大禹時期，政教合一，王庭其實就是神殿，古語曰：「國之大事，在祀與戎。」[12]隆重的宗教祭典，是古聖王凝聚人心維繫國命的重大禮樂文統，大禹甚重宗教祭典，正是他的道統和政統具有莊嚴精緻的水準，合乎聖王的楷模，故孔子深美之。而所謂「盡力乎溝洫」，朱子說是大禹整治田間水道，「以正疆界，備旱潦者也。」而楊氏說此乃大禹「所勤者民之事。」而在大禹的時代，民事就是從原始農業提升為傳統有機農業，故此即稱頌大禹致力於農耕文明的施政，而其最重要的工程即溝洫渠圳的規劃和建設，藉以排除洪水以及引水灌溉，同時也以有規則的溝洫渠圳來釐正界定了農村和農田的空間結構，而這也就是古代井田制度的濫觴。[13]

　　在另一章，孔子也稱頌大禹，《論語》載：

　　　　南宮适問於孔子曰：「羿善射，奡盪舟，俱不得死然。禹稷

11　〔南宋〕朱熹：《論語集註》，引自蔣伯潛：《廣解語譯四書讀本・論語》（臺北：啟明書局，未標年份），頁 116。

12　出自：《左傳・成公十三年》。

13　劉寶楠在其《論語正義》中對於此章的「溝洫」制度，徵引很多古文獻詳細地說明其整體系統，溝洫渠圳之建設，一方面與水有關，即排洪和灌溉，一方面則是廣大農田和農村劃分田界、村界的界線，其旁也變成重要的交通線，見〔清〕劉寶楠：《論語正義》（上）（臺北：文史哲出版社，1990.11），頁 315-316。也可參考趙岡、陳鍾毅：《中國農業經濟史》，同注 6，頁 142-145。

躬稼而有天下。」夫子不答，南宮适出，子曰：「君子哉！
若人！尚德哉！若人！」[14]

王船山釋此章有曰：

南宮适以之問孔子曰：今天下之論，以為古聖之道，修之而
止以自困。欲爭勝于天下，以自免于禍，非彊勇不能。乃考
之古人，則有不然者。羿以善射著，奡以盪舟聞；陸戰而
克，水戰而雄，將謂可以吞天下也，而相繼以授首。人誰無
死，而不得其死然也。禹定溝洫，稷教樹藝，勤民之事，立
民之命，不念及於得天下也，而夏、周繼王天下，本非其有
而終有之也。[15]

船山以戰爭和農業的雙元對蹠性來說明南宮适之言，南宮适舉遠古
善戰好戰的后羿和奡來與勤於水利建設的大禹和勤於耕稼的后稷相
比較，前兩者以發動戰爭故而身死國家滅，而後兩者以發展農業故
而身榮有天下。孔子稱美南宮适是尚德君子，就是高度肯定南宮适
的反戰以及弘揚農業文明的人文道德涵養，而孔子的和平主義的道
德性，也為晚明大儒王夫之所承繼，而稱美大禹和后稷，而此也就
是認同中國傳統有機農業是施仁政行王道的基本實踐。
　　孔子甚重視中國遠古發展傳承的精耕細作型的有機農耕文明，

14　《論語·憲問》。
15　〔明〕王夫之：《四書訓義》（上），收入《船山全書》（七）（長沙：
　　嶽麓書社，1996.02），頁772。

孔子說過：「吾不如老農；吾不如老圃。」[16]他雖然不親事農圃之業，且士人不應務農圃而應從政行仁，但也甚尊重農圃工作的專業，而這句話也表示古代的農耕已到高度專業的程度，孔子雖然不是農圃專家，但他卻也明白農作物之性質，譬如他說過：「苗而不秀者有矣夫！秀而不實者有矣夫！」[17]而於此孔子之言，可知農耕之事講究精細的知識和科技，否則粟稻等農作有可能苗而不秀或秀而不實。

　　在這樣的農業文明的背景下，孔子遂能在物質或生產的基礎上往上提升，而體悟大自然生生不息的生態律，《論語》曰：

　　　子曰：「予欲無言。」子貢曰：「子如不言，則小子何述焉？」子曰：「天何言哉？四時行焉，百物生焉。天何言哉？」[18]

朱子對這一章孔子之言的深義，只偏向心性論的觀點而釋之，故朱子釋文的著重點是孔子之不言之教，或孔子之德就是「天」，他說：「學者多以言語觀聖人，而不察其天理流行之實，有不待言而著者，是以徒得其言，而不得其所以言。〔……〕四時行，百物生，莫非天理發見流行之實，不待言而可見。聖人一動一靜，莫非妙道精義之發，亦天而已，豈待言而顯哉？」[19]朱子很顯然視天之

16　《論語・子路》有曰：「樊遲請學稼。子曰：『吾不如老農。』請學為圃，曰：『吾不如老圃。』〔……〕」。

17　《論語・子罕》。

18　《論語・陽貨》。

19　〔南宋〕朱熹：《論語集註》，同注11，頁272。

四時行百物生只是形容譬喻，此章句的主體是聖人本身的德行境界
不外乎是妙道精義之發用，是天理的印證。朱子這種著重人而不重
視自然的詮釋，顯然受禪家影響或是宋之道學之見，先秦儒家典籍
的內容應該是重視天地觀宇宙論的，故此章句之實義應是孔子啟發
弟子宜多觀察自然環境生態之健動生生之律則，在環境生態的生生
健動中往往能體悟仁道，而不必非在話語中求取不可。古代儒家重
視從天地觀宇宙論來體悟生生之德，並以此天德來啟發人文應走的
道路，譬如《易經傳》的〈大象〉就是此種詞句，如〈乾卦・大
象〉曰：「天行健，君子以自強不息。」〈坤卦・大象〉曰：「地
勢坤，君子以厚德載物。」都是先告訴人們宜觀察體證天地宇宙的
環境生態律，再來效法而變成人文實踐之德行。[20]晚明大儒王夫之
的詮釋顯然就較能貼近孔子的本義，船山曰：

> 氣幾之動也，有動之者焉；品彙之成也，有成之者焉。動之
> 而使之不容已，成之而使之無所憾，非天乎？[21]

所謂「氣幾」和「品彙」都是指世界的生生不息的現象。船山此句
指出氣幾之所以動和品彙之所以成，是由於其內在有一個令其不容
已且無所憾而能健動完成的根本者，那就是「天」，也就是「天
道」或「天體」。

20　見《易》乾坤兩卦之〈大象傳〉。其餘八十二卦的大象傳都是如此，即先
　　說天地宇宙的環境生態，再說人文法天之德。

21　〔明〕王夫之：《四書訓義》（上），收入《船山全書》（第七冊）（長
　　沙：嶽麓書社，1996.02），頁 925。

> 乃四時行矣，溫寒燥濕無一定之期，乃小變而不失其大常，
> 宜然而即然，以各正其令，天之推移，即時之序也。而百物
> 生矣，靈蠢夭喬無一成之則，乃雜興而各成其材質，有體而
> 即有用，以共效其功，天之發皇，即物之變化也。[22]

在此段，船山說明春夏秋冬之「四時行」，雖有冷暖濕旱的不確定
之氣候小變動，但有其不變易的氣象常規，在應該如此這般的時節
就是如此這般，其時令是正常的，這就是天道的有其時序的推移。
而蟲魚鳥獸之「百物生」，雖然發展出靈蠢夭喬的各種生物，其類
型不一，而這即是生態的雜異性，各類生物均有其各類的材性品
質，生物生態有其規律，故有其發用的規則，共同完成自然環境中
的多元生態之體系，此即天道的旺盛之生生作用而形成生物的變
化。

> 若是者，天之所以為天，即時之所以為時，物之所以為物。
> 理行於氣之中，氣即著其行生之理，天豈有以命時而使之行
> 哉？豈有以詔物而使之生哉？氣幾之動，品彙之成，日月運
> 於斯，五緯運於斯，風雨運於斯，動者以之動，植者以之
> 植，流峙者以之流峙。[23]

船山在此段指明「天」是什麼？其實所謂「天」也者，不是超越獨
立的什麼，它什麼都不是，它就是時序之推演和生物之生化的本

---

22 同上注。
23 同上注，頁 925-926。

身，自然環境的永續生生創化循環的生態律，就是這個所謂的「天」。天是虛狀之辭，它就是天地環境以及此天地環境中的剛健生生而不止息無窮竭的生態律，因此，船山所言「理行於氣之中，氣即著其行生之理。」用現代環境生態語彙言之，就是自然生態律在自然環境之中運作，自然環境的生態系和生物系本身之生生永續就是這個自然生態律的表現。理與氣是合一的，理即氣；氣即理。體與用是合一的，體即用；用即體。因此，天地宇宙的環境生態律就是天理、道體，而天地宇宙的環境生態之生生健行不已就是此環境生態律大化流行的生氣和大用。孔子說的「天何言哉？四時行焉，百物生焉，天何言哉？」這句話之深義、真義，應作如是觀。

四、當代新儒家唐君毅的
傳統有機農業文明形式之環境生態觀

　　以上引述《論語》所載孔子對中國傳統有機農業文明的重視以及他就天地自然之四時行百物生之自然生態律之健動和生生大德之肯定，此為中國儒家的農業生態倫理的開端，其後，孟荀大儒和《易傳》、《禮記》等古典莫不與孔子具有同樣的環境生態思想。

　　茲舉《禮記・樂記》一段稍有以明之。其曰：

> 天高地下，萬物散殊，而禮制行矣。流而不息，合同而化，而樂興焉。春作夏長，仁也；秋斂冬藏，義也。仁近於樂，義近於禮。樂者敦和，率神而從天；禮者別宜，居鬼而從地。故聖人作樂以應天，制禮以配地。禮樂明備，天地官

矣。[24]

就空間言，天在上而地在下，在天地的空間之中，一切生物雜類而
繁興，人要體會此天地空間的生出繁多生物，其類型雜多，故有禮
制的創作。自然生態大化流行永續不息，而且各種生物均能和合協
調，故形成生態系的融洽的變化，因此，人要體會生物的繁興大用
之總合形成整體的生態系和生物系，故有樂音的興起。〈樂記〉的
作者感應春作夏長和秋斂冬藏的四季之農耕循環以及自然植物的應
乎時節的生態變化，他遂給予仁與義的對反與和合的辯證之思維，
順應春夏的氣候，農作和生物皆要生長，此是「仁」；順應秋冬的
氣候，農作和生物皆有收穫且需休藏，此是「義」。而仁義亦是說
明兩方面的，一是自然，一是人文，而後者必須密契符應前者，作
者且認為仁就是樂，義就是禮；前者配天尊神，後者配地敬鬼。而
其實，他著重由天地結合而成的自然環境的雙元辯證的生態性，人
文政治必須效法之，才能得到至治，「聖人作樂以應天，制禮以配
地。禮樂明備，天地官矣。」此句明說王者之施仁政是要效法天地
生態之律則，故所謂作樂制禮，其實際之功，就是農耕施為要符合
自然環境的循環和變化的規則，有機農業的文明與自然環境的生態
條件相融洽和諧，這就是禮樂明備、天地官矣的最佳狀況，而其實
也就是中國人在其農業文明之中，將人文實作和自然條件配合得最
好的情形。然而在這樣的人文配合符應自然而獲致的天地人和合融
一的仁義禮樂觀，顯然是以人須效法自然的生態律為重點。其實，
本文前面引述的孔子所言「天何言哉？四時行焉，百物生焉，天何

---

24 《禮記·樂記》。

言哉？」顯示孔子甚看重天地生生之自然生態律，人應學習效法此律則而使人上合於天道。能上合於天道的人之心才是仁心。

　　類似上述法自然而行人文的思維方式，在《易傳》中是一種常規，譬如〈泰・大象〉曰：「天地交，泰；后以財成天地之道，輔相天地之宜，以左右民。」易學者朱維煥解釋說：「天地交，萬物通，此『泰』之時也。能參贊之者，非君王莫屬，故曰『后』。夫參天地贊化育，聖王之化功也，而『財成』、『輔相』乃其具體德業。〔……〕乃相應天地生化之道而言，蓋天地之生化，自實然意義言之，但見蓊鬱、蓬勃。〔……〕財成即『制其過』，輔相即『補其不足』，期於天地之生化，無不盡合其時宜」。[25]依此段詮釋，人文應以天地生化的規律為依從遵行之道，但人文的參贊亦是必須者，比方大禹治水及於溝洫渠圳的建設是為了排洪和灌溉，而讓人在環境之中，可以順遂得到天地自然的能量，而有其利去其害；又譬如中國的水稻農業，是開發沼澤多水之土地，使此多水的土地可以經過適宜的排水出田以及引水入田，水稻業得以發展，也不會毀掉當地的環境生態律。這即是〈泰卦・大象〉之意義，是人文尊天文而亦能隨順天文之規範而參贊之。此種信念和作法，乃中國一般農民和哲人的共同標準。

　　當代新儒家唐君毅先生對於發源於遠古的中國傳統有機農業文明以及上述的環境生態觀，是深有體會的，而且他從此種農耕生態觀進一步亦體察了中國人具有的天地人和諧如一的環境倫理。唐先生曰：

25　朱維煥：《周易經傳象義闡釋》（臺北：臺灣學生書局，1980.01），頁93。

中國古代民族得天獨厚，黃河流域古代地極肥沃，氣候極溫
和，故成為農業民族極早。農業民族「日出而作，日入而
息，鑿井而飲，耕田而食。」「草榮識節和，木衰知風厲，
菽稷隨時藝，雞犬互鳴吠，童孺縱行歌，斑白歡游詣。」本
易覺自然與人之和諧。且黃河流域原為極平曠之地，俯視則
阡陌縱橫，川原交錯，通達無礙。遠目則「江流天外地，山
色有無中。」「星垂平野闊，月湧大江流。」覺天地相依，
中間無隔。遙望則「時見歸村人，沙行渡頭歇。」「曖曖遠
人村，依依墟里烟。」覺人及其屋舍之在自然，即與自然混
融為一。[26]

唐君毅先生從華北大平原的地形、土壤、氣候等地理環境的條件來
詮釋中國傳統有機農業和農村的天人合一和人與自然混融的特性。
他特別引用古詩來說中國農業文明發展出「自然與人和諧」、「天
地相依，中間無隔」以及「人及其屋舍在自然中，即與自然混融為
一」的人地關係之生態。

中國「田園詩」最能表現上述的生態和諧融一的意境，譬如東
晉詩人陶淵明歸隱園田親自耕種，其撰有〈歸園田居〉的組詩五
首，此處引其第一首詩句：

少無適俗韻，性本愛丘山。誤落塵網中，一去三十年。

---

[26] 唐君毅：〈中國哲學中天人關係論之演變〉，收入氏著《中西哲學思想之
比較論文集》（唐君毅全集），卷十一（臺北：臺灣學生書局，
1988.07），頁284。

羈鳥戀舊林，池魚思故淵。開荒南野際，守拙歸園田。
方宅十餘畝，草屋八九間。榆柳蔭後簷，桃李羅堂前。
曖曖遠人村，依依墟里煙。狗吠深巷中，雞鳴桑樹顛。
戶庭無塵雜，虛室有餘閑。久在樊籠裡，復得返自然。[27]

此詩撰於義熙二年（406），其時陶淵明四十二歲，他已於去年辭去
彭澤令返回鄉村的故里，從上京里的舊宅移至「園田居」（即「懷
古田舍」）開始過躬耕生活。[28]此詩顯示了陶淵明的農宅只是草屋八
九間，佔約十餘畝正方形的面積，屋前桃李果樹羅植，而屋後則種
有高大茂盛的榆樹和柳樹。在其躬耕的農村，是在今江西省的大地
上面，且是墟里村集加上散落周遭的農宅所形成的農村。這就是中
國傳統有機農業的村莊和農田的基本形態，而陶淵明身為一位隱居
鄉間的農者，他進行了什麼耕作呢？茲引第二首詩如下：

野外罕人事，窮巷寡輪鞅。白日掩荊扉，虛室絕塵想。
時復墟曲中，披草共往來。相見無雜言，但道桑麻長。
桑麻日已長，我土日已廣。常恐霜霰至，零落同草莽。[29]

此詩看到農作物中有桑麻的栽植，而且也發現田地在開墾中漸漸地
廣擴起來，此種農業生態非常依賴自然環境的狀態，深怕風不調雨

27　〔東晉〕陶淵明：〈歸園田居〉，收入郭維森、包景誠譯注：《陶淵明
　　集》（臺北：地球出版社，1994.08），頁 68-70。

28　同上注，頁 68。

29　同上注，頁 71-72。

不順，萬一降下霜霰，那桑麻就會凍死，雖只言桑麻，其實是雜作
農業，糧食作物亦是一樣的。由此看出來，陶淵明與其他農民相
同，都在寧靜的村莊的農田中忙於農耕，土地在勤勞的開闢中增
加，作物也天天長大，這真是農耕最好的收成，但也擔心氣候失
調，環境災變，一切努力都會化為烏有。陶淵明此處固然是說他自
己的耕稼生活，但其實也是講到中國傳統有機農業的農民與天地之
間的生態倫理。而第三首詩如此：

> 種豆南山下，草盛豆苗稀。晨興理荒穢，帶月荷鋤歸。
> 道狹草木長，夕露沾我衣。衣沾不足惜，但使願無違。[30]

在此則看到農耕的作物有豆類，他將豆圃闢在南山下，如不戮力勞
動，雜草長得很快，豆苗就會死掉，故陶淵明必須每天清晨出門去
整理豆圃，一直要忙到月亮已經出來的晚上才能返家。此處表示中
國傳統有機農業的作物多元，有田有圃，有粟黍、麥稻與豆類。同
時也顯出農民必須很勤勞地與耕地和作物親近在一起，否則不可能
有精耕細作而得到的收穫，由此也證明中國農村、農耕和農民與天
地環境之間貼近密契的生態性。

　　唐朝詩人亦有田園詩來歌詠傳統有機農業文明，王維寫〈渭川
田家〉：

> 斜陽照墟落，窮巷牛羊歸；野老念牧童，倚杖候荊扉。
> 雉雊麥苗秀，蠶眠桑葉稀；田夫荷鋤至，相見語依依。

30　同上注，頁 72-73。

即此羨閒逸，悵然吟〈式微〉。[31]

王維此詩風格甚類似陶淵明的詩，均道出了傳統有機農村、農耕與農人的生態和諧性質，農耕在黃昏時結束，牛羊等家畜由孩童驅趕著回家，老人長者倚著枴杖在籬笆門邊候望著，顯出農村慈孝的天倫之溫暖，而此人倫則是建築在有機農業文明之上的，在此農田中種的是麥，在旁邊植有養蠶的桑林，如此構成基本的有機農業的農村生態。

另外，唐朝詩人孟浩然也寫有著名的田園詩，其〈過故人莊〉：

故人具雞黍，邀我至田家；綠樹村邊合，青山郭外斜。

開軒面場圃，把酒話桑麻；待到重陽日，還來就菊花。[32]

孟浩然的農民友人邀其前往農舍喝酒聚餐，宴席有農家自養的雞，有小米釀成的美酒，其農舍在村中，而四周圍繞著青綠茂盛的樹林，在村郭之外，還有青山環抱。此種農村景色和環境實在很美麗寧靜。友人將小軒窗戶打開，看得見曬穀物的場子以及植種蔬果的園圃，兩人喝酒談論農耕的事情，等到九九重陽秋菊已熟時，再來喝香醇的菊花茶和酒。孟浩然的田園詩也顯示了中國傳統有機農業文明的人在環境生態中的安逸和愉悅，這必須有一種人地和諧融合

31　〔唐〕王維：〈渭川田家〉，收入《唐詩三百首》（臺北：臺灣中華書局，1972.12），頁8-9。

32　〔唐〕孟浩然：〈過古人莊〉，收入《唐詩三百首》，同上注，頁166。

的情境才有可能臻及的倫理。

　　以上筆者藉晉人和唐人的田園詩歌來呼應唐君毅先生以古詩句之點明他對於中國傳統有機農業文明的天人合一、人地協調的生態性之體會。唐先生的環境生態思想顯然也是依據中國的農業精神和事實而有的心得。

　　唐君毅先生亦如同孔子以至於船山一般，也由此中國傳統有機農業的生態倫理往上提升，也表達出他的自然與心性相合一的天人觀和存有論。他說：

> 哲人既出，其仰觀俯察之目的，自非視世界為外在的獨立的而追問其有何自存之本體或本質，而係游心寄意於自然中日往月來水流雲散等天地變化之境，「麥秀漸漸禾黍油油」等「草木蕃」之境，故物我之對待在開始點即無由產生。於是將我之情融於物中，但覺吾心與宇宙均同在一流行變化之中，本體唯於此流行變化中見，而性與天道自不容離，內界外界自當不二。[33]

如《易傳》之言：「易與天地準，故能彌綸天地之道。仰以觀於天文，俯以察於地理，是故知幽明之故。原始反終，故知死生之說。精氣為物，游魂為變，是故知鬼神之情狀。與天地相似，故不違；知周乎萬物而道濟天下，故不過；旁行而不流，樂天知命，故不憂；安土敦乎仁，故能愛；範圍天地之化而不過，曲成萬物而不

---

[33]　唐君毅，同注26，頁284-285。

遺，通乎晝夜之道而知，故神無方而易無體。」[34]中國古人也仰觀
天文，俯察地理，但其境界卻非追索世界的外在客觀之本體或本
質，或如同古希臘哲人一往向外去探求宇宙的「洛各斯」
（Logos），而是合幽明陰陽之道，溯源於生死，通透鬼神一氣之
理，其生命和心靈與天地合和為一，在天人合一的情境中，體悟的
不是世界存有的架構性內容，而是天地生態的大化流行之妙道。

　　唐君毅先生就是繼承此種哲思的當代新儒家，他對中國傳統有
機農業文明之幾微有其體會：

> 中國數千年民間生活，以農業為主。農業之生活，一方使人
> 須盡人事以俟天，一方則以得具體之稻粱等實物為目的。人
> 業農則須定著而安居，故自然易養成安於現實之「向內的求
> 自盡其力之精神」，並易有一天人相應之意識，而對具體事
> 物有情。農業之生產，可計量而不可計數，尤重質之美。故
> 不易發達抽象之理智，而使人富審美性，增其藝術性之趣
> 味。然農業生活，對人最大之啟示，則使人生在世界更有一
> 實在感，並時有一無生物上升於生命之世界之意識。[35]

中國傳統有機農業是以具體的稻粱等穀物為生產目的，因為必須精
耕細作，故農人須定著於土地中而需在其農田旁邊定居，他們每天

34　《易‧繫辭上傳》，第四章。

35　唐君毅：〈中國人間世界——日常生活社會政治與教育及講學之精神‧中
　　國人在自然界之農業生活與其精神內涵〉，收入氏著《中國文化之精神價
　　值》（臺北：正中書局，1979），頁249。

必須仰觀天的氣候狀況而俯察田地的水、土條件是否完備以及是否
有昆蟲之患害等等，因此，中國傳統農民是一個十分務實且養成
「向內的求自盡其力之精神」，也就是會力求自己農耕工作的認真
精細而不敢粗心也不喜幻想，農民最重視的是其人工是不是能與天
地環境生態的規律和變化相配合，因為惟有人地生態的和諧專一的
配合，攸關自己和家人及至族人的生存之具體的糧食、織造的農作
物才能生生暢旺地永續地生長。這個內容就是唐先生說的中國農民
「有一天人相應之意識，而對具體事物有情」。再者，穀物的產
出，可以進行概率的計量，但不可能實算其顆粒究竟是多少，因
此，農民重視的是其穀物的質，也就是看重的是麥、稻、稷、粱是
精而實或粗而虛。因為穀物若就其總體量上看是甚可觀的，但是不
是「苗而不秀」？進而「秀而不實」？所以，中國精耕細作的穀物
農業之農民十分重視品質而不是以數量為主。因為這樣的心靈的影
響，故中國人不易發展抽象之理智，而是甚注重具體性之實踐，以
「實在」看天地環境，而不是以抽象性理論或以空虛性玄思來看天
地宇宙。

　　唐君毅先生舉商、工、牧此三種文明來對照中國傳統有機農耕
文明，顯示農業對天地生態的定著性之堅持。他說：「工業家使無
生物成為另一無生物，商人只能轉移貨物，游牧只能使生物食生
物、毀生物，以成生物。」[36]相對於此，唐先生論農業曰：

　　　　在農業中，則植物一方為定著，而非流動者。植物亦非以人
　　　　外之物為材料而製造的，乃是自然生長的，人取其種子加以

---

[36]　同上注，頁250。

培植成的。故此時人只是贊天地之化育。人對天地，遂真有
一實在感。其信神，亦易覺神內在於天地，而非自無中造天
地。同時唯在農業中，乃見無生物直接為生物所攝收，而入
於生命之世界。由植物養動物，動植物之養人，則為植物動
物所攝收之無生物，亦間接表現精神之價值，其中見一氣連
綿之上升歷程。〔……〕由是而農業意識所肯定之客觀世
界，雖為實在的，而非唯物的，至少是生命的，並間接表現
精神價值。[37]

農業的作物是自然植物，不是人為，如稻麥黍稷，它們的根吸取大
地中的有生物或無生物之有機營養，在自然律中順著生命之規則而
成長，其成果養活人與其他動物，乃是從生命轉移其生命而成就其
他生命，所以，這一條生機之路乃是生命自己的生機大化的那條生
機之路，其中，農民的勞心和勞力，皆是結合了自然的天之生態和
地的生態而為一體，他本身也融入這個生態的一貫的生機之路而成
為生命的共同體。因此，唐先生乃說「其中見一氣連綿之上升歷
程」，中國傳統有機農業文明，即是整體的環境生態系中，天地萬
物和人成為一個大化流行的陰陽和合之一氣連綿而從無生命轉化為
大生機的生命的上升歷程。在此種環境生態觀中，生命之存有，既
非唯心取向，亦非唯物取向。

　　在此種傳統有機農業的環境生態觀之照應下，中國人喜歡從日
常生活順從天體運行的秩序，來加以安排，所以中國很早就有《夏
小正》、《月令》等書，說明一年各月的節氣如何、主神如何、生

---

[37] 同上注。

長或活動的動植物如何，而人應如何和諧地配合。[38]到現在，中國
民間依然有《農民曆》，其中是將天候、節氣、物產、耕作、主祀
神、吉凶、人文等整合在一起，形成了一種中國農民日常生活中很
重要的環境生態律則的依據。

唐君毅先生在此處特別提到古代儒家有關有機農業的生態倫理
之著作，即《夏小正》、《月令》兩書，他據以說明中國農人將自
然和人文和合為一的整體環境生態律的生活方式。本文謹抽取《夏
小正》的內容稍作詮釋。

《夏小正》的成書，高明認為，《小戴記・禮運》：「孔子
曰：我欲觀夏道，是故之杞，而不足徵也，吾得夏時焉。」鄭玄
注：「得夏四時之書也。」所謂「夏四時之書」，存留到現在的，
就是這篇《夏小正》。《史記》：「孔子正夏時，學者多傳《夏小
正》。」也就是這一篇。篇中原自有經、有傳。經，可能是夏代流
傳下來，經過孔子訂正的；而傳，可能是孔子的後學——七十二子
和他們的門徒、後學——所撰的。[39]

依此，《夏小正》是很古老的一篇關係夏代的四季之內容觀察
記錄之書。孔子整理成經，弟子、後學加以注釋而增益了傳。

《夏小正》的內容以一年十二個月為段落，每段落都有一個記
載的規則，就是記錄當月的天文、氣候、動植物、農耕活動、農作
物以及祭祀等人文內容。總而言之，它是一篇同時將自然環境生態
和人文生態整合予以觀察記載，且又給予說明解釋之中國古代農業

38　同上注，頁 252。

39　高明：《大戴禮記今註今譯》（臺北：臺灣商務印書館，1993.06），頁
60。

文明之曆書。觀察記載的文字是經，說明解釋的文字是傳。謹以二月的經文列於下：

1. 往耰黍，禪。──農民穿著禪衣，去田裏翻土種稷。

2. 初俊羔，助厥母粥。──較大的羔羊開始幫助它的母親養育幼小的羔羊。亦即是長得較大的羔羊已不吃母羊之奶，而去吃草了，所以母羊可以再哺育較幼小的羔羊。

3. 綏多女士。──和綏地結合了許多女子和男子，二月仲春亦是青年男女婚嫁之時。

4. 丁亥萬用入學。──丁亥吉日青年練習干戚之舞，正式進入大學，此天舉行釋菜禮。

5. 祭鮪。──春天最早出游的是鮪魚，所以用它來祭神。

6. 榮菫、采蘩。──菫葵已經茂盛，白蒿已經可以採收，用它們來祭祀。

7. 昆小蟲抵蚔。──發現很多小昆蟲推著很多蟻卵，春天了，許多種類的昆蟲活動起來，人們觀察昆蟲去蟻穴聚食蟻卵。

8. 來降燕。──成群的春燕從天空飛下來，因為春天氣暖了，燕子從南方飛回來在屋簷下築巢，準備生養燕雛。

9. 剝鱓。──捕撈鱓魚，用它的皮製作鼓面。

10. 有鳴倉庚。──倉庚鳥開始啼叫了，仲春了。

11. 榮芸，時有見稊，始收。──芸已經茂盛，一看到它開花就採收。芸花是用來在廟裏祭神的。[40]

　　以上所記是《夏小正‧二月》的經文，其符號「──」的後面之簡述，是傳，亦即對經的解釋。它共有十一條經過觀察之後的記

40　同上注，頁 72-74。

錄。細讀這十一條記錄，可以發現仲春時節，農人開始下田翻土種
稷了，而且穿單層的衣服即可，因為天氣已不冷了。同時，農家養
的母羊在之前生的小羊已開始吃草，母羊也再生了一批新的哺乳的
羔羊。農人捕鮪魚祭神，也捕鱓魚，用其皮製鼓。農人也開始採收
菫葵、白蒿以及芸花，以供祭神典禮之用，他們也觀察到春天活躍
的很多昆蟲之活動，春燕的歸返以及倉庚的啼唱。在此仲春，可以
發現環境生態的生生大化的暢旺流行，於是，農人一方面春耕，一
方面也要進行人文活動，那就是春日祭神、男女佳偶的喜婚、青年
學生的進入大學就讀。

　　在此段從《夏小正》的二月份之記錄，後人乃能體會中國傳統
有機農業之生活，是以自然生態之觀察了解為基礎而實施了與生態
系統和律則和諧配合的人文而形成了一個整全的環境生態倫理。此
種記錄甚細緻深入，是在日常生活中，於直接的工作裏，透過親身
對周遭的生活世界作了觀察理解之後，才能得到。而唐君毅先生所
以提到《夏小正》、《月令》等中國農民曆或農民書的古典，是因
為他亦能真實體證此種有機農業形式的環境生態倫理。

五、結論

　　中國的農業是配合在黃河、淮河和長江流域的環境生態而長久
發展出來的傳統有機農業，此種農業是中國農民以精耕細作的農作
來高度調適了天地自然的生態規律才逐漸創造出來的，它的特色是
人文以自然為效法對象，密切融入環境的自然規律和變化之中，達
到人與自然和諧融一的環境生態倫理。

　　本文從新石器時代的原始農業說起，並徵引《論語》裡面孔子

之言，由其對於古聖王的農業和水利之功而論及孔子對於天地之生生大化之德的體證。

中國儒家的有機農業形式的環境生態觀，成為儒家的傳統和基本的人地關係之思想，甚至在古詩人的田園詩也表顯了此種整全有機的精神。本文舉當代新儒家唐君毅先生的相關論述來加以詮釋。

現代化帶來了工業化或石油化的「現代農業」，此型農業將唐君毅先生闡述的有機農業的所有生命在一個共同環境生態之道路的此種生命共同體截斷分裂了，石化工業產物包括化學肥料、化學殺蟲劑進入農業的土地、種子以及穀物裏，人與自然之間已經失去了生命和生態一致性的倫理，同時，人又以基因工程干預扭曲了農業的物種，農作物的源頭變成了人為而非自然，它雖然用大地來植種，但大地已變成只是產牀而非孕育她的母親。

這種現代農業已不是中國傳統有機農業的農民以及他們的聖哲熟悉的文明，對於此種農業文明以及由此產生的人地疏離和人地污染，中國的古代素樸的農民和天人合一的聖賢根本不能認識。當然，當代新儒家唐君毅先生也是無法認識的。筆者認為板機已扣，人類恐怕很難重返天地與人文和諧融一的環境生態倫理。雖然如此，當代儒家亦莫喪志，孔子知其不可為而為之，我們要學習孔子，永遠要為仁道的生生剛健之永續而盡心盡性，因此，當前宜運用教化而從喚醒人之本心開始，人類不能繼續現代主義的大量耗費物質和能源之奢靡生活，應學習中國儒家的敬天地畏神明的倫理。

本文初稿發表於「現代新儒家與現代中國」國際學術研討會（宜賓：宜賓學院，2015.10.31-11.01）。

伍　整全生機論的儒家環境觀 ——《論語》詮釋與簡樸生活

一、前言

　　當代環境生態的危機，很多情形是現代人的現代化之物質消費主義帶來的，因為認為人與自然分離，而且人可以依據其科技宰制自然，且由其中取得資源和物質來製造大量且多元的工業產品以供給人類無止境的消耗。由於此種現代性之剝削耗損主義，使生存環境和生態愈來愈發生崩壞破毀的困境。

　　全球倫理已留意關心此種嚴重環境危機，儒家亦是重要的全球倫理，當然也多有留意。本文嘗試從中國古代經典來詮釋中國的天地人和諧之整全生機觀，並且主張當代人類應過一種節約簡樸的生活，這是護持生存環境生態的人文道德倫理，是現代人應有的責任。

二、現代環境生態的敗壞需以環境倫理對治

　　「現代化」（modernization）是由「工業化」（industrialization）和「都市化」（urbanization）帶動的現代文明及其生活形態，已經有數

百年之久。現代之後，人類的生活和生命形式，與「前現代」
（pre-modern）或「傳統」（tradition）具有性質上的差異，「現代性」
（modernity）是以科技而把人和自然生態加以對立的，人依據他的科
技之刃，切割解剖大自然，如同屠夫對牲畜開腸破肚，當然被屠戮
的牲畜也因之而死。「前現代人」或「傳統人」也一定要使用地球
資源，因為人不是虛空抽象體，他是肉身，必須取天地之資源而存
活繁衍，但是他們在現代之前的悠久歷史時間中，並不是以屠夫之
刃剝取自然環境，他們是以敬畏之心在生態系的生生永續的大化流
行中，以不滅絕的態度，取最基本的生存物質和資源來支持個人和
族群的生存，譬如狩獵民族，絕不捕殺懷孕母獸，不捕殺小獸，不
趕盡殺絕；[1]耕作民族像傳統穀物農業的中國農民都深悉孟子所言
「不違農時，穀不可勝食也；數罟不入洿池，魚鱉不可勝食也；斧
斤以時入山林，材木不可勝用也。穀與魚鱉不可勝食，材木不可勝
用，是使民養生喪死無憾也，養生喪死無憾，王道之始也。」[2]的
環境生態智慧，因此，中國農業文明的永續性十分深厚篤實，因為
中國農民很明白依據四季循環規律而種植五穀令其豐收而存活發展
的生機之道。[3]

1　《論語》載：「子釣而不綱，弋不射宿。」（〈述而〉）。此章句表示的
　　意思就是合乎生態生生永續之規則的狩獵態度。亦可參閱筆者之文，見潘
　　朝陽：〈整全生機論自然宇宙觀：人與自然和諧的環境倫理——以《聖
　　經‧創世記》為主的詮釋〉，收入氏著：《心靈‧空間‧環境——人文主
　　義的地理思想》（臺北：五南圖書出版公司，2005.12），頁 139-176。其
　　實在儒家經典中不乏類似的記載，譬如《禮記》的〈月令〉或〈夏小正〉
　　皆有豐富的生生永續的生態觀。

2　《孟子‧梁惠王篇》，第三章。

3　依據中國史上的記載，何以在傳統時代也有環境破壞的現象？這種歷史記

環境倫理學者 Louis P. Pojman 在其一篇論文中提到，人類出現於地球上的時間，相對於地球的四十六億年以及很多久遠以來的生命物種，是非常短暫的，人類的文化發展大概至今只有一萬年，人類發明車輪，也只有四千年。然而，因為科技的發明，人類最近的兩百年來，已經有能力嚴重地改變地球的整個生物圈，在如此短促的時間裡，人類影響和改變地球的生命物種之程度已遠遠超過以往上億年生態系的變動。最近的百年裡，科技發明了很多工業和科學產品，譬如：汽車、飛機、攝影機、收音機、電視、電話、太空船、核子彈、核電廠、電冰箱、冷氣機、摩天大樓、殺蟲劑、換心手術機、生育控制術、數位型電腦……等現代化的產物，是古人想像不到的。由於科技發明，人類有能力廣佈於全球而且更能運用他的自由、力量和知識。因此，現代的「科技化人類」也就帶來的化學污染、石化污染、癌症、全球暖化、弗氯碳化物引起的臭氧層稀薄化……等環境生態因為工業化而來的破壞和污染之大危機。[4]

Pojman 強調現代人類遭遇的環境生態危機，要從人類的責任加以追索，換言之，也就是人類對待環境生態的態度很重要，這個態度，就是環境倫理。環境倫理關懷的就是對全球的關懷，包括譬如：人文與環境之間的關係、人對於自然的了解和責任、須將自然

錄是存在的，但皆是源於天然災害，如洪水、乾旱、蝗害、大冰雪等，當然也有因為人口過剩，因此被迫過度在土地上墾闢以求增加糧食，於是破壞了環境，也有由於頻年不止的戰爭使致農村人口大量死亡，農業完全廢棄。但不管哪一種原因，都不是中國農民自己故意違背天地自然的規律造成的。

[4]　Pojman, L. P.: 'On Ethics and Environmental Concerns', "*Environmental Ethics*", Wadsworth Publishing Company, 1998, pp.1-2.

資源保留給後世子孫、防制污染和控制人口、合理的資源使用、適當的糧食生產和配置以及環保的能源開發和消費、保育荒野、保育物種雜異多樣性⋯⋯等等。所有這一切環境生態之對象和議題均須給予關懷，要理解其情況，提出解決全球性問題的方案，並且發展為形而上也就是哲學的理論，同時，也應該運用其原理來普及於全球每一個地方的每一個人的日常生活。換言之，就是環境倫理是對環境生態的維護，此倫理的實踐是地球全體人類的共同職責。[5]

全球環境危機既已非常明顯而且愈來愈嚴重，且已有學者提出實踐環境倫理的呼籲，在此思潮之下，上世紀九十年代，有一些中西儒學和佛學學者分別撰述了兩本關於儒、佛兩家與全球自然生態問題的專書，主編 Mary Evelyn Tucker 和 John Grim 在此兩冊專書的〈序言〉（series foreword）中強調環境生態危機已經威脅這個地球上包括全人類以及一切生命物種的生存。因此，科學家、經濟學家、執政者已經針對環境生態危機以及如何提出解救之方，展開了辯論，的確，世界上已有廣泛的環境生態破毀的事實，已在許多領域中有所警告，人類自身的未來展望，也當然面臨威脅。[6]

Tucker 和 Grim 兩人呼籲我們宜從重要的全球性的各大宗教的深刻教義中尋求人與環境生態和諧健全相處的倫理。他們指出環境生態危機的複雜性和廣泛性之造成，不僅僅全然是經濟、政治、社會因素，它亦是一個道德上和精神上的危機，所以，我們需要一種

5　Ibid.

6　Tucker, M. E. & Grim, J.: 'Series Foreword', "*Confucianism and Ecology*", Cambridge, Massachusetts, 1998. "*Buddhism and Ecology*", Cambridge, Massachusetts, 1997.

更為寬廣的哲學和宗教來體證我們自己是自然的生物，屬於生態系
中的生命循環，也依賴生態系。因此，現今風起雲湧、層出不窮的
環境危機，宜以宗教之智慧來加以警醒和啟示，這是因為各大宗教
能幫助人們來具現出我們對待自然的有意識或無意識的態度。各大
宗教也對於「我們是誰」、「自然是什麼」、「我們來自何方」以
及「我們將往何處去」等大哉之問提示了根本的詮釋，而這些綜合
起來就是一個社會所擁有的「世界觀」。各大宗教也指示我們應該
如何對待其他人群，也指示我們應有的人與自然的關係，而這些價
值系統造出了社會的倫理取向。再者，各大宗教也創發了世界觀和
倫理觀，在此之下，我們才有基本的態度以及價值系統來與不同的
許多文化和社會相處，就如歷史學家 Lynn White 的觀察：「人有
怎樣的生態觀，乃是源於他們怎麼思維他們與周遭事物之間的關
係；人之生態觀甚深地受限於人對於自己之性質和命運之信仰，此
信仰亦即是各大宗教。」[7]

　　當代新儒家劉述先先生最關心世界各大宗教之間以及與其他哲
學體系之間的對話和會通。他有一本專書就是針對各大宗教與全球
倫理的關係以及其中的對話而寫，[8]他特別提到他應邀參加 1997 年
3 月底在巴黎舉行的聯合國教科文組織「普遍倫理計畫」籌劃起草
的《世界倫理宣言》的會議，此會議來自美、法、土耳其、敘利
亞、南美、非洲、印度、東亞等國家或區域，劉先生是東亞學者代
表，與會學者專家共有十二位。這個會議主旨是發表全球的重要道
德倫理和人權觀念，在會上，劉先生提出中國儒家，亦屬於重要的

---

[7]　Ibid.

[8]　劉述先：《全球倫理與宗教對話》（臺北：立緒文化事業公司，2001）。

全球倫理，它亦擁有大宗教的內涵和價值。[9]其實在此之前的 1989
年 2 月，劉先生應巴黎的「德國文化協會」之邀請，去參加「世界
宗教與人權研討會」，該協會希望他代表儒家的觀點發言，大會也
邀請猶太教、佛教、印度教、伊斯蘭教的代表，同時，也請知名的
天主教神學家孔漢思（Hans Kung）作主題演講。孔氏的演講極力主
張各大宗教應該以最大的寬容來互相了解互相欣賞，同時，他傾聽
了劉先生的儒家闡釋，對於儒家道德倫理亦頗能認同，而且其天主
教神學之精神也與儒家的精神甚能符應相通。[10]

　　儒家正如劉述先先生的肯定和闡說，與各大宗教一樣，也是一
種重要的全球倫理。因此，儒家思想當然也為中國人提供了有如其
他大宗教一般的自然生態觀或環境生態觀。

　　在另外一篇論文中，劉述先先生以《周易》為主詮釋了儒家乃
至中國思想中的自然觀也就是環境生態觀傳統，他把中國自然觀傳
統歸納為五點：

1. 在中國傳統主流思想中，根本缺少自然與人文的對抗與割
   裂，故不能據西方的寡頭式自然主義或人文主義一類的詞
   語來範圍中國思想。

2. 中國先哲由動態的方式來了解自然，其首出觀念是
   「道」，而不是希臘式的不動不變的「存有」。但中國先

9　劉述先：〈世界倫理與文化差異〉，收入氏著：《全球倫理與宗教對話》
　　（臺北：立緒文化事業有限公司，2001），頁 16-38。

10　劉述先：〈宗教信仰與世界和平〉，收入氏著：《全球倫理與宗教對話》
　　（臺北：立緒文化事業有限公司，2001），頁 1-14。

哲對於「道」之運行，有不同的了解，老子強調「歸根復命」，儒者強調「生生不已」。

3. 人必須有深刻的智慧以及嚴格的訓練才能體證自然，與「道」合妙。故中國先哲所說的「自然」，是與現代人所謂的自然的本能或衝動拉不上任何關係。

4. 人對自然（nature）的了解依靠人對他自己的本性（nature）以及生生之源的體證。中國人既不容許自然與人文分離，以抽象的方式由外在來理解自然，故從來沒有發展出機械主義的自然觀這樣的思想。

5. 正因為一個有文化修養的人才能充分了解自己的本性與流行的天道，人文與自然不是一對互相反對的概念，彼此相得益彰：成己成物，兩方面才能夠得到充量的發展。[11]

　　基於上述，本文擬先敘述古希臘以至東方和中國的整全生機觀的環境生態思想，再來詮釋儒家的最原初經典《論語》所載的生生之德的環境倫理以及「孔顏之樂」的生機性，最後則主張人應歸返簡樸節約的清貧生活之道。

三、整全生機的環境觀

　　在西方啟動現代化之前，歐洲的古典環境思想是古希臘人的天

11　劉述先：〈由天人合一新釋自人與自然之關係〉，收入氏著：《大陸與海外──傳統的反省與轉化》（臺北：允晨文化事業有限公司，1989），頁283-284。

人觀念，此觀念視大地為萬物之母，是活生生的機體，洛夫洛克（J. E. Lovelock）說：

> 「大地之母」（或希臘人古代所稱的「蓋婭」（Gaia）的概念），在整個人類歷史裡一直廣泛地存在著，並且是一種現今仍與許多大宗教共存的信仰基礎。由於環境研究的累積，以及生態學的發展，世人觀察到生物圈不只是生活在土壤、海洋與大氣等自然棲息地中之所有生物的完整生活範圍而已。當人們親眼或透過影像間接地看到在漆黑太空襯托下而光彩畢顯的地球時，敬畏之情油然生起，這種敬畏之情乃是古代信仰與現代知識的一種融合。〔……〕
>
> 大地之母具有自行調控的能力，她能自我地使自己（也就是地球）保持健康。人們將能夠自我調節的地球比擬成母親，此即暗喻了人們承認大地是「有知覺」的一個存在，其實，這樣說並非意謂地球如人一般具有「心靈」，而是意識到縱許是把一些木片和金屬加以特定地設計、組合後，也能獲得一個具備它自己特色的整合型身分，而不僅僅只是一大批木片和金屬的「細絮」或「堆積」而已。大地亦然，其整體之存有，實乃生養萬物的一個生機體。[12]

依上所言，古希臘人的「蓋婭」觀念，也就是「大地之母」的環境觀，是一種整體性生機主義（Holistic Vitalism）的環境思想，其主旨

12　〔英〕洛夫洛克（J. E. Lovelock）：《蓋婭‧大地之母》，〈原序〉，金恆鑣中譯（臺北：天下文化事業出版公司，1994）。

在於地球生態是一個地球生命自我創生的歷程，它改變、維繫、延續、推展了地球的自然演化，而這個已受生命參贊影響的地球環境又進一步協助、豐盛了生命的演化。如此相互生化演進的歷程，已經有三十五億年之久，在此生命的豐富轉化中，地球的自然，就已自我創造成一個活生生的大生機體。[13]

　　大地之母的環境生態觀，是現代化之前的歐洲人之自然信念。卡洛林・麥茜特說：

> 從我們這個物種的朦朧起源時代開始，人類為了生存，就一直生活在與自然秩序的日常的、直接的有機關聯中，十六世紀初年，大多數歐洲人還像其他地區的人一樣，通過密切的、協作的有機共同體形式，與自然保持這種日常的互動。因此毫不為怪，十六世紀的歐洲人會用有機體作為聯繫自我、社會和宇宙的基本隱喻。作為人們日常生活經驗方式的一種觀念投射，有機理論強調人體各部分的相互依存，進而強調個體之于家庭、社會和政府等公共目標的從屬性，並認為宇宙萬物充滿生命活力，連最低等的石頭也不例外。[14]

十六世紀以前的歐洲人與世界其他地區的人一樣，都是將人自己歸

13　金恆鑣：〈新角度看地球上的生命〉，〈導讀〉，收入《蓋婭・大地之母》。類似的觀點，亦可見 Simmons, I. G., *Interpreting Nature* (London: Routledge, 1993), pp.31-32.

14　〔美〕卡洛林・麥茜特：〈自然之死〉，吳國盛中譯，收入楊通進、高予遠主編：《現代文明的生態轉向》（重慶：重慶出版社，2007），頁17。

入大自然之中，是大自然的一個有機的部分，而且，一切存在物，包括生物和無生物譬如石頭，都是大自然的生命總體中的一個互相聯繫在一起的環節，因此，人文活動從家庭到社會乃至國家的大小範疇均與大自然的有機性結合而為一體。這種思想和文明，是「有機主義」的實現。卡洛林‧麥茜特又進一步說：

> 有機理論的核心是將自然，尤其是地球與一位養育眾生的母親相等同：她是一位仁慈、善良的女性，在一個設計好了的有序宇宙中提供人類所需的一切。自然作為女性的另一種與養育者形象相反的形象也很流行：不可控制的野性的自然，常常訴諸暴力、風暴、乾旱和大混亂。仁慈的養育和非理性的施虐者均是女性的性別形象，均是女性性別的特徵觀念向外部世界的投射。[15]

地球的自然生態，如上述，若以大地之母或女性特質來加以比擬，恰可顯示大自然的一體雙元的辯證關係。一方面她是慈愛的母親，為養育保護子女而可完全犧牲，一方面她又常常會顯出暴力、虐待、冷酷等行為。卡洛林‧麥茜特是依據歐洲心靈而來詮釋的，其實在中國的古典中亦有類似的大自然一體雙元的辯證關係之論，譬如老子《道德經》對於自然的陰陽雙元互動性，就有睿智之言，在老子，天地也就是大自然，一方面是慈愛的，一方面也是無情的。就前者而言，老子以母親視大自然之道，茲列舉於下：

15　同上注，頁 17-18。

1. 道可道，非常道；名可名，非常名。無，名天地之始；有，名萬物之母。〔……〕（第一章）

2. 有物混成，先天地生。寂兮，寥兮；獨立不改；周行而不殆。可以為天下母，吾不知其名，字之曰道。〔……〕。（第二十五章）

3. 天下有始，以為天下母；既知其母，復知其子；既知其子，復守其母，沒身不殆。〔……〕。（第五十二章）

母就是母親，嚴靈峰解釋「萬物之母」，曰：「『道生一，一生二，二生三，三生萬物』，生生不已，故曰：『母』也。」[16]他釋「可以為天下母」則曰：「謂其能化生天地萬物，『有，名萬物之母』也。」[17]再又解釋「天下有始，以為天下母；既知其母，復知其子；既知其子，復守其母，沒身不殆。」而曰：「『無，名天地之始』，始者，自然。故曰：『天下有始』也。『道法自然』，化生萬物，『有，名萬物之母』，故曰：『可以為天下母』也。〔……〕守自然無為之道，『復守其母』也。」[18]據此，則知老子的道家思想乃是以大自然為生養萬物的母親，此種大地之母的環境觀，與歐洲的古典心靈是一致的。

天地自然生養萬物的精神是慈愛的，在《道德經》中有一些章句表達此義，此處舉一例如下：

16　嚴靈峰：《老子達解》（臺北：藝文印書館，1971），頁2。
17　同上注，頁99。
18　同上注，頁212-213。

> 道生之，德畜之，物形之，勢成之。是以萬物莫不尊道而貴
> 德，道之尊，德之貴，夫莫之命而常自然。故道生之，德畜
> 之、長之、育之、亭之、毒之、養之、覆之。生而不有，為
> 而不恃，長而不宰，是謂：「玄德」。（第五十一章）

此章就是講大地之母生養萬物。大自然生養萬物，是無條件的，老
子認為天地的自然生態自己生出長養一切生態系中的物種，這就是
自然生出長養自然之一切存有物而自己並不居任何執有之心。大地
之母的生態意義在此。而此生生現象，在老子之語言則謂之「玄
德」。

　　然而，在大自然的生態中，也存在很多暴烈殘酷的狀態，在
《道德經》中也表示出來，老子曰：「天地不仁，以萬物為芻狗；
聖人不仁，以百姓為芻狗。」[19]嚴靈峰註曰：「天地法自然，無
方、無親；聖人法天地，無心、無事，故無仁恩也。束芻為狗，古
人用以祭祀，用畢則棄之。言天道無親，至仁不仁，天地無心，
『以待萬物之自然』。故曰：以萬物、百姓為芻狗也。」[20]此即說
出大自然生態中，物種的雜異多元性，往往是以個別的相剋來成全
總體的相生，譬如獅子要吃小牛、小馬、小鹿、小羊或老牛、老
馬、老鹿、老羊，從個體上來看，大自然何其凶殘冷酷，但就總體
大自然的生態言，這種弱肉強食，乃是大自然維持物種平衡的方
式，因為草食性動物若繁殖過多，會造成植被的損害。在草原區由
於過度放養羊群，常常造成草原的沙漠化災變。因此，大自然以物

19　《道德經》，第五章。
20　嚴靈峰，同注 16，頁 24。

種為芻狗的生態律，就是老子所言的天道無親，至仁不仁。這也是大地之母表現她的慈愛的相反之一面。此正是中國人最熟悉的一切事物之存在均以陰陽雙元之辯證互動而呈顯。

　　天地自然之道的雙元性，老子有一段章句這樣說：

> 昔之得一者：天得一以清；地得一以寧；神得一以靈；谷得一以盈；萬物得一以生；侯王得一以為天下貞。其致之。
> （第三十九章）

嚴靈峰注釋曰：

> 道通為一，故謂得道為得一也。言古始之得道者，天得一之道，所以清明也。言地得一之道，所以安定也。言神得一之道，所以靈妙也。言谷得一之道，所以盈滿也。「道生一」，一立而萬物生矣。言萬物得一之道，所以化生也。「聖人抱一，為天下式」；言侯王得一之道，而為天下正也。[21]

大自然生態系的總體生命律之如其實的運行，是在整全的生機中，一切自然界和人文界的存有，均能得其本來而生發演化，天地就能健順而全其德，人文融入其中亦能健順而全其德。

> 天無以清，將恐裂；地無以寧，將恐發；神無以靈，將恐

歇；谷無以盈，將恐竭；萬物無以生，將恐滅；侯王無以貴
高，將恐蹶。（第三十九章）

可是，如果情形正好相背反，在天地之中，自然和人文的任一生命
系統若是違反大地之母的律則，則任何生命系統都必滅絕消亡。

以上引述了《道德經》的章句印證了中國古典道家的自然環境
觀，其實與歐洲的古典的有機主義之環境觀，是相類似的。

若就當代基督宗教的生態省思來看，基督神學也一樣提出基督
宗教的整全生機的有機論，學者毛麗姬討論到基督神學的環境生態
觀，說：

基督教生態倫理要求基督徒把基督的愛，即基督在十字架上
用生命實踐過的那種愛推廣到自然界的一切生物中去。基督
教認為「愛上帝」和「愛上帝創造的萬物」是一致的。中世
紀著名生態聖徒方濟各以一種獨特的方式表達了他對大自然
的愛。對他來說，所有的受造物包括太陽和月亮、大地和河
流、植物和動物都是兄弟姐妹。施韋茲也認為一切生命都是
神聖的，沒有高低貴賤之分。「人是無限寶貴的，必須無條
件地受到保護。但是同樣地，與我們一同生活在這個行星的
動物和植物的生命，也應當得到保護、保存和照顧。
〔……〕在這個宇宙中，我們所有的人都緊密相連，我們所
有的人都互相依賴。我們當中的每一個人都依賴于我們全體
的福利。〔……〕我們應該養成與自然和宇宙和諧相處的生

活。」[22]

上引一大段提到基督宗教的環境生態觀，基本上，主張人與一切動植物都是上帝創造的生命，是神聖的，互相依存的，也是互相關愛的，我們愛上帝就須同時愛全世界的人以及共同生存在地球上的一切物種。這種「愛上帝的造物也就是愛上帝」的基督宗教之和諧性生態思想，也是整全生機論的環境觀。

德籍神學家卡爾‧白舍客在其論文中提到基督宗教的信仰對於環境倫理具有愛護、尊敬大自然以及人的生活應自我節制和約束的三點規約。關於愛護大自然，他說：

> 愛上主的美德應該延伸到每一個人和所有的那些神所願意的並愛護的物。如果人誠心地愛上帝，他也必須愛他的朋友和一切為他所愛的物。這是博愛誡命的普遍性的最深理由，同時也是愛惜受造物的理由。〔……〕
>
> 愛護自然最終奠基于上主的慈善、智慧及和藹之上，因為大自然反映出這些善、真、美。由于自然是上帝的化工，人們也應該愛護它。「人可能並應當愛好天主所造的萬物。萬物受自天主，應視為天主的手工而予以尊重。」這種愛意味著欣賞自然的善與美並尊重上主給予自然物的目的。[23]

[22] 毛麗婭：〈道教與佛教、基督教生態思想的比較〉，收入陳霞、陳雲、陳杰編：《道教生態思想研究》（成都：巴蜀書社，2010），頁496。

[23] 〔德〕卡爾‧白舍客：〈對上主所創世界的照顧與責任〉，靜也常宏中

因為愛上帝，所以我們就應該愛上帝創造的世人以及大自然和一切
物。作者特別申明這個既愛上帝又愛世人、萬物和大自然的信念，
不是一般泛泛之規章，而是源於基督的最深的博愛誡命。由於上帝
基於祂的慈愛和智慧而創造了包括人和一切物以及反映了上帝的真
善美的大自然，所以，敬愛上帝的人就應該愛護大自然及其中的一
切物種生命。

關於尊敬大自然，他說：

> 不只是人的生命，而且也是動物和植物的生命和無生命的自
> 然界，都應該獲得欣賞、尊敬和保護。尊敬自然的態度明顯
> 地設定生命和一切存在物有它們自己的善和價值。〔……〕
> 毫不注意地毀壞自然，去攫取和拋棄自然物，這些都是對自
> 然永恒價值不尊敬的行為。因為自然的整體並不僅僅是原材
> 料的堆積，自然也是價值的存在。〔……〕
> 一切存在的事物的內在價值的終極理由是，它們是上主的創
> 造，因而也是反映出上主的善、美、智慧和神聖性。對于我
> 們來說，我們應該更要學習如何看透事物，如何在萬物中認
> 出那個光明，如何透過這些事物的表面去意識到上帝的臨
> 在。當人們重新學得這種能力和態度，他們必定也會尊敬自
> 然。[24]

譯，收入楊通進、高予遠主編：《現代文明的生態轉向》（重慶：重慶出
版社，2007），頁211。

[24] 同上注，頁212。

我們尊敬大自然，是由於大自然及其一切物種，都有其自身的善和價值，而之所以如此，乃是由於它是上帝的善、美、神聖性的創造。我們自己也是上帝這樣地創造的，所以，我們可以穿透表面而看到萬物之中的神的光明，可以意識上帝的臨在。作者的此種尊敬大自然之觀點，也是將上帝和大自然以及人整合為一體的環境生態觀，而整合一體的那個「一」，就是愛。在基督宗教，是「愛」，而在道家，則是「道」，若是儒家呢？這個「一」就是「仁」。

關於人之自我節制和約束，他則說：

> 尊敬自然的準則也包括嚴格的要求和義務，包含人們反對任意地利用自然的態度，敬重生命的態度也引起一種敬畏，一種關注和保護的態度，一種與純粹實用主義相反的心態。它要求人們要關注、自我約束、自我控制。〔……〕
>
> 〔……〕自然是上主的創造而因此屬於祂；只有祂是自然的絕對所有者。人，只是造物的管理者，在他處理自然時，人是受一個更高的權威的限制，受更大的權利的限制。在使用自然時，人們總要而且絕對地要尊重那些權利。更具體地說，人要尊重自然的目的和目標，因為這個目的必須符合創世主的旨意和意向。同時，創世主的旨意也規定了人對自然的權利以及這些權利的限度。[25]

現代化和工業化之後，世人以為人是萬能的，是勝天的，所以，遺忘了基督宗教的誡令而以為人之上面沒有超越人的最高的神之宗旨

---

[25]　同上注，頁 212-213。

和意向。由於丟棄了對於上帝的遵從和信仰，人遂忘記應該自我約束、自我節制，卻以其科技而對大自然進行任意的開發和利用。因此，自然環境開始反撲，愈顯出大自然的暴力對人類的懲罰，其實這也就是上帝對於現代人此種肆無忌憚的破壞環境生態的懲罰。基督宗教的雙元自然性格觀，與「蓋婭」的大地之母或中國道家的自然之道的陰陽雙元性的觀念，其精神是類似的。

總之，綜合上述，我們大體可以說在東西方的古典精神裡，人們的環境思想是一種整全生機觀的自然生態論。此種思想主張天地人物是一個有機的整體，而其中有一個中心，在中國道家言，是「道」；在古希臘言，是「蓋婭」；而在基督宗教言，則是「上帝」。人活在天地之中，無論尊信那一個文化思想系統，他必有神聖敬畏感以及人物世界一體感。

日籍學者岸根卓郎標榜所謂「東方自然觀」，他闡釋曰：

> 東方地處夏季濕潤的季風地帶，因此，夏季多暴雨狂風，自然環境暴虐，難以控制或征服它。這種東方自然環境，致使古代東方人養成對自然容納、忍受的態度，替代控制和征服自然，將自然作為神加以崇拜，與自然親和，與自然共生，從而醞釀成了東方「自然親和型、自然共生型自然觀」和「物神一元論型自然觀」（「物心一元論型自然觀」）。
>
> 此外，東方富裕的「森林大地」是豐富的「森林生態系世界」，所以，這裡就是「輪迴轉生世界」的源頭，並且，這種輪迴轉生世界，神與自然與人類成為一體，也是輪迴的「圓型世界」，因而，破壞這一圓型的一部分，例如自然，同時，也是侵食自身，最終整體破壞。

　　因此，我認為：在森林大地輪迴轉生世界中誕生的東方自然
觀，必然向著「自然親和型、自然共生型自然觀」或者「物
心一元論型自然觀」發展。[26]

岸根氏從東方地理環境的特性來論東方的自然生態觀，他文中所言
的東方世界型以及此世界型中的自然觀，的確是十分具有睿智而下
的環境觀判準。雖然岸根氏在其書中舉證詮釋的是莊子的自然清淨
無為的思想，但若以中國的儒道釋三教以及陰陽五行風水哲學來加
以體察，甚至以日本的神道思想來看，中國或東方的世界是「森林
生態系世界」，也是「輪迴轉生世界」，亦是「圓型世界」而在此
種世界中演化出來的自然環境生態之心靈，實在就是岸根氏所言的
「自然親和型、自然共生型自然觀」和「物神一元論型自然觀」
（「物心一元論型自然觀」）。此環境生態倫理，必是「整全生機
論」。

四、《論語》「子在川上」和
「吾欲無言」章的環境生機義

　　中國與西方對照，其傳統的環境觀，既不像歐洲最終走向基督
宗教的創世記觀念之下的上帝愛世人故亦愛大自然及其一切物種的
環境生態論，亦不是如同希臘哲學中的尋求自然界的「純理」或
「共相」（Logos），由此發展出現代化下的剖析式、宰制式的科

26　〔日〕岸根卓郎：《環境論——人類最終的選擇》，何鑒中譯（南京：南京大學出版社，1999），頁184-185。

學。[27]換言之，中國傳統思想不在「天人對立」的布局下進展，一方面，超越型絕對型的上帝觀，甚是微弱，甚至不存在；一方面，知識論的喜愛以及從此出發而發展出來的法則、模式建構的科學理性亦不明著。古代中國先民在其代代相傳而創造出來的環境觀念，是天地與人文和諧相生、密切相融的天人倫理。遠自上古時代，當中國人形上思維開展之始，中國的思想主流，特別是儒家、道家以及陰陽五行家，就已將人和一切物種賴以生存繁衍演進的環境視為互攝相融的整全一體的生機。此一大整全生機體，不是可以拆解打散、受制外力的機器。在中國的傳統主流價值系統中，機械觀的環境思想，完全沒有地位，甚至可以說它不存在，是負面的。人地關係論乃是「人與天地萬物一體」、「上下與天地同流」。儒家，是中國思想的主軸、核心，從原創的古典時代開始，就已創立傳揚此種生機觀，他們相信人與環境相諧和而非對立，他們體認宇宙是一大生機，而根本沒有機械宇宙論的觀念，儒家從古至今，均在其重要經典和著作中，時時宣揚此一大生機的宇宙的生生不息、健進不已、大化流行的精神，而特別在這個生生健行的生機體系中，人以

27　歐洲古代菁英早在希臘時期便已馳騁其理性而試圖在自然界的諸現象中，尋找出普遍性的「純理」、「共相」或「純粹形式」。由於有此理性思維才有近代高度改造、宰制自然和文明的「科技」的產生。關於這方面的情形，可參考唐君毅：〈中國先哲之自然宇宙觀〉，收入氏著《中國文化之精神價值》（臺北：正中書局，1972），頁 56-88；方東美：〈生命情調與美感〉，收入氏著《生生之德》（臺北：黎明文化事業公司，1979），頁 111-136；沈清松：《解除世界魔咒──科技對文化的衝擊與展望》（臺北：時報出版公司，1984），頁 1-57、169-199；郭蒂尼（Romano Guardini）：《現代世界的結束》，陳永禹中譯（臺北：聯經出版公司，1985）。

其天生本有的仁誠之心而居於參贊天地化育之中樞地位。**28**

儒家在這個整全生機觀的環境思想中，首先認同生態是一種剛健不息而生命生發的天地宇宙。《論語》有兩個章句之動態性和生化性，甚可詮釋並且顯示儒家的一大生機觀之下的環境思想。

孔子在川上看著滾滾而下的江水有感而發，喟然嘆曰：

> 逝者如斯夫，不舍晝夜。（論語·子罕）

朱子注解此章，曰：

> 天地之化，往者過，來者續，無一息之停，乃道體之本然也。然其可指而易見者，莫如川流。故於此發以示人，欲學者時時省察，而無毫髮之間斷也。**29**

朱子於此特別強調天地的大化流行，沒有一時刻一剎那停止，他說

---

28 關於以「生機觀」來看待大自然環境，且視為中國傳統環境思想的主流，此種觀點，已多有學者論及，譬如，余英時：〈從價值系統看中國文化的現代意義〉，收入氏著：《中國思想傳統的現代詮釋》（臺北：聯經出版公司，1987），頁 1-52；唐君毅：〈中國先哲之自然宇宙觀〉，收入氏著：《中國文化之精神價值》（臺北：正中書局，1972），頁 56-88；方東美：〈從比較哲學曠觀中國文化裡的人與自然〉，收入氏著：《生生之德》（臺北：黎明文化事業公司，1985），頁 257-282；劉述先：〈由天人合一新釋看人與自然之關係〉，收入氏著：《大陸與海外──傳統的反省與轉化》（臺北：允晨文化事業有限公司，1989），頁 273-294。

29 〔南宋〕朱熹：《四書集註·論語朱熹集注·子罕篇》（臺北：世界書局，1997），頁 119。

這個天地大化流行不止的現象之根本或根據就是「道體」自己的本來如此。換言之,因為天地萬象就是道體的生發顯現。然而,抽象的思維對於一般人不容易理解,但可以以具體的現象來加以領悟,而能給予世人透過感官經驗來加以體證天地之道體的生生至健、大化流行的本質者,就是源泉滾滾而奔流不已的江水。所以,朱子的意思是說在具體的天地生態之中的生活體驗是很重要的或是主要的一條讓人們證悟天地自然的生態之本質就是一大生機的路徑。

程子則曰:

> 此道體也。天運而不已,日往則月來,寒往則暑來,水流而不息,物生而不窮,皆與道為體,運乎晝夜,未嘗已也。是以君子法之,自疆不息。及其至也,純亦不已焉。
> 自漢以來,儒者皆不識此義。此見聖人之心,純亦不已也。純亦不已,乃天德也。有天德便可語王道,其要只在謹獨。[30]

程子兩段話語點明孔子川上之言,是以源泉滾滾而永不停歇的江水來形容道體,而道體在何處顯現?則是在不已的「天運」,天地自然的運行,是日往則月來,寒往則暑來,而由於天地運行不止,所以在川上可觀江川大水之流逝而不舍晝夜,於此,更可證悟自然生態的生物不息,此即是一大生機體的環境觀。

觀諸程子的話語,他的詮釋的取徑是「以經解經」。在上面引言中,我們可以看到「日往則月來,寒往則暑來」之句;此句源自《易·繫辭下傳》第五章。該段文字如此:「日往則月來,月往則

---

30 同上注。

日來，日月相推而明生焉。寒往則暑來，暑往則寒來，寒暑相推而
歲成焉。往者，屈也；來者，信也。屈信相感而利生焉。尺蠖之
屈，以求信也；龍蛇之蟄，以存身也；〔……〕窮神知化，德之盛
也。天地絪縕，萬物化醇；男女構精，萬物化生。」[31]明儒來知德
對於本章此段釋之曰：

> 以造化言之：一晝一夜相推，而明生；一寒一暑相推，而歲
> 成。成功者，退，謂之屈；方來者，進，謂之信。一往一
> 來，一屈一信，循環不已，謂之相感。利者，功也，日月有
> 照臨之功，歲序有生成之功也。應時而往，自然而往；應時
> 而來，自然而來，此則造化往來相感一定之數，惟在乎氣之
> 自運而已。非可以思慮而往也，非可以思慮而來也。
> 以物理言之：屈者乃所以為信之地；不屈則不能信矣，故曰
> 求。必蟄而後存其身，以奮發；不蟄則不能存身矣。應時而
> 屈，自然而屈；應時而信，自然而信，此則物理相感一定之
> 數，惟委乎形之自然而已。非可以思慮而屈也，非可以思慮
> 而信也。[32]

造化和物理，指的都是大自然的生化運行之生機，重點是在大自然
的生機體之生化運行，乃是氣和形的自然而然的創化和演進，造化
就是氣，而物理就是形。中國思想中所謂「氣」，以今日的用語而

31　《易‧繫辭下傳》，第五章。
32　〔明〕來知德：《慈恩本梁山來知德先生易經來註》（下冊）（臺北：天
　　德黌舍，丙辰年），頁1368-1369。

言，就是指天地自然的生態體系中的規律和力量，而「形」則是指天地自然的生態體系中的形態和結構，譬如說一座火山，其地質熱力能噴出熔岩和火漿，即是氣，而由於地質熱力造出來的火山地形，就是此火山的形；又譬如一頭老虎，牠的食肉之本性和凶猛的體力，就是氣，而這頭食肉大野獸的整個身體構造，就是形，然而，火山或老虎並不能將氣和形拆開來，因為造化和物理，或氣和形，必是火山和老虎能夠存在活動的整體性，缺一則不可，兩離亦不可，以此之例而明之，天地自然其實就是其造化（氣）與物理（形）共同一體而顯發的一大生機。再者，此天地自然的大化流行永無停息，如日月和四季往來屈伸循環，一切物種有其暢旺和蟄伏，如春夏時節生命物種奮發而大生廣生，秋冬時節則蟄伏而休息保養，所以，整體生態系是一種往來反覆的永續大生命體。

　　但程子的意思不僅僅是單純的以自然主義來論生態論，因為儒家之義本來就不止於純就生物學或自然生態學的範疇而言天地的大化流行。程子釋孔子川上的「逝者如斯夫，不舍晝夜」之句，還有一段「以經解經」的演衍之義，此即他說的「聖人之心，純亦不已也。純亦不已，乃天德也。有天德便可語王道，其要只在謹獨。」此一句話語的根源出自《中庸》。在《中庸》，有一大段關於「天地之道」的論述曰：

> 天地之道，可一言而盡也：「其為物不貳，則其生物不測。」天地之道，博也，厚也，高也，明也，悠也，久也。今夫天，斯昭昭之多，及其無窮也，日月星辰繫焉，萬物覆焉；今夫地，一撮地之多，及其廣厚，載華嶽而不重，振河海而不洩，萬物載焉；今夫山，一卷石之多，及其廣大，草

> 木生之、禽獸居之、寶藏興焉；今夫水，一勺之多，及其不
> 測，黿鼉蛟龍魚鱉生焉，貨財殖焉。[33]

此一大段敘述，是古儒針對大自然環境經過深入周遍的觀察，而得
出天、地、山、水等四個大自然重要的結構、要素的主要生態功能
之認知。此段敘述是很宇宙論的，也十分天文學、地形學、地理
學、生物學的知識取向，在在證明古代中國儒家對於人類生存的環
境生態之主觀上的重視和客觀上的認識。而在其論述中，表達了天
地宇宙是一大生機體，它本身具有剛健不息的大生廣生之大化流行
之功能，天地山水不但是氣象和空間無限量，而且由小積大，由微
至顯，它是一個整合為一的自我生生演化的大生命，必須是天地山
水整體呈現撐開，缺一不可，在其中有無窮且雜異的動物、植物生
存繁育。總之，《中庸》此段敘述最能彰著儒家的生生大化的整全
生機觀。

　　然而，緊接著這段關於天地山水的一大生機之宇宙論式之論述
之後，《中庸》曰：

> 《詩》云：「維天之命，於穆不已。」蓋曰天之所以為天
> 也；「於乎不顯，文王之德之純。」蓋曰文王之所以為文
> 也，純亦不已。[34]

上引程子之言，就是從這一段《中庸》之言轉來，程子的意思是說

33　《中庸》，第二十六章。
34　同上注。

天德純亦不已，而聖人之心亦是純亦不已，兩者是同一件事，若能依此而實踐人文政治，就是王道，也就是仁政。王夫之（船山）在此有一個較深入的發揮。他說：

> 天地之道，以不貳而自成其不測，而所以不貳者，唯此一言而盡之真理。則至誠之德，以不息而自有其徵，而所以不息者，乃此至誠無不至之實心，可以知天地，可以知至誠，可以知至誠與天地合一之原矣。[35]

一言而盡的真理就是天地之道「為物不貳」，故「生物不測」，也就是天地大自然之生態，乃是天地萬物為一大生機體，是一個同體的大存有物，古儒稱此為「誠體」或「仁體」，而其本質也就是大生廣生而沒有窮極沒有限量。船山在此進一步提出本體存在論（onto-cosmology）的說法，即是以天地自然的大生機之顯發這種至誠不貳而生生不息的現象，如畫龍點睛一般地說這就是天地的「實心」，其所言「實心」，其實也就是儒家肯定的「誠心」或「仁心」。在天地曰「誠心」或「仁心」，在人身也曰「誠心」或「仁心」，此心其實是天人一也。天地是有機物和無機物構成的一個行星，它如何有這個與人一樣的能思能慮的心？儒家當然不是這樣的意思，正如同希臘人的「蓋婭」，在比喻形容上，也是說大地之母是有其心靈的，但此說法實是譬喻，意思是大自然的生態系有其一個定然的律則，比方說春天時開花，夏天時結果，秋天時葉黃，冬

35　〔明〕王夫之：《四書訓義》（上），收入氏著：《船山全書》（長沙：嶽麓書社，1996），頁204。

天時枯枝，又比方說母獅雖凶猛，卻疼愛護佑自己生下來的幼獅，侯鳥沒有航行圖或導航儀，卻能夠定期定點飛越數萬公里茫茫大洋而年年循環往復沒有差錯。這一切動物、植物的行為，從來不是課堂上教的，也沒有上一代教育下一代，而是大自然給予的本能，此種合於大自然規律的本能，就是天地之道的仁心或誠心，它是有其直覺感應的，雖然不像人類的心靈有一種能思能慮且可形諸文字而傳授的理性。

就天地言那個實心或就人言那個實心，其發用之幾實乃同一，所以，《中庸》和程子都會在天道的於穆不已之後，提及文王也就是聖人之德之純亦不已。只是強調文王聖人之德的純亦不已乃是與天道的於穆不已上下一貫，此即如《易》的六十四卦的大象均以天道之運行來啟示人文之運行，如〈乾·象〉曰：「天行健，君子以自強不息。」〈坤·象〉曰：「地勢坤，君子以厚德載物。」兩卦的大象辭均表明了天地之道就是人效法取則之方針、原理，而在人文事業中予以實踐，人文活動須順應天地之道，這裡顯然表示了人文生態與自然生態和合如一的意思。

王夫之接著說：

> 《詩》不云乎：維天之有命以運行而啟化也，於穆哉，其深遠乎，而無微無顯，無昔無今，有續而不已焉。夫天之為體為用，物皆仰焉，而《詩》所言者獨稱其不已焉，蓋曰天之所以為天者，惟此無間斷，無先後，時自行焉，物自生焉，故終古而如斯也。[36]

36　同上注。

在此段，船山著重在天地大自然的永續演生而不間斷的生態功能。
天地之所以被稱頌即是這個無昔無今的有續而不已，然而，此有續
不已是從何處顯出？其實就是從天地規律的運行以及在此運行之中
不斷的生命物種的大生廣生之流行大化中呈現。因此，重點其實是
在一切生命的繁生發育，也就是呈現出一大生機體。

　　然而，天地的生機性，與人有何相干？王夫之接著說：

> 《詩》抑有云：於乎，豈不顯然其共著哉，文王之德以宅心
> 而制行也，為動為靜，為成己為成物，純一於善焉。夫文王
> 之深仁大業，物皆被焉，而《詩》所言者獨稱其純，蓋曰文
> 王之所以為文者，唯此無二無雜，道自行焉，德自成焉，故
> 始終而一致也。37

船山指出文王之德是以天地之道共相明著的，就是文王的深仁大
業，不但成己，也是成物的德行，無論是《詩》或《中庸》的句子
所言文王之純之德，其實是天地之道的自行，同時，也是文王之德
的自成。而文王之德表現在王道仁政上，其實踐，依儒家的意思，
就是天地之道在人之政治上的實現。此天地之道，依現代語言而
言，是大自然生態系的生生流行，因此，文王之德的仁政王道既然
與天地之道是純粹而一致，也就是合乎生生流行之自然法則，則依
現代語言而言，則必須是既要生養人民且又保育環境的生態型政治
體制，如果既不養民又不環保的政治則不是王道仁政，必是昏昧暴
虐之惡政。

37　同上注，頁 204-205。

王夫之結論曰：

> 夫言純者以心言爾，言不已者以化言爾。〔……〕天之不
> 貳，即文王之不息。然天唯以此一言可盡之道，故不貳而成
> 不測之化；至誠唯此一誠無妄之德，故不息而成配天之業。
> 〔……〕[38]

船山的結論道出「天地之道」與「文王之德」陰陽雙元和合的儒家
式環境觀，儒家所言「文王之德」，不必是指一位古代聖王典範，
「文王」其實是一個象徵，其另外一個關鍵詞即「周文」，是儒家
弘揚宣示的天人合一的禮樂文制，也即是合於「天地之大德曰
『生』」的政治社會之文明實踐。我們可以列出一簡表如下：

自然	→	人文
天行健、地勢坤	→	君子以自強不息、君子以厚德載物。
維天之命，於穆不已	→	文王之德，純亦不已。
天地之道：不貳而成不測之化	→	文王之德：不息而成配天之德。

上表的箭矢之左，是大自然的生態永續運行之規律；箭矢之右，是
人文發展配合符應生態的一大生機而實踐的仁政。

　　由上所述，我們可以明白從孔子川上一嘆的內在大義，而讓後
世之儒家從中推展演述出重要的思想脈絡，此脈絡是深信天地人及
乎一切生命物種，是一個整全的一大生機體，而人之文明舉措應該
是在這個整全生機體中施作的，換言之，人文不可違反或破壞這個

38　同上注，頁205。

整全一體的生機。

我們再看《論語》另外一條章句：

> 子曰：「予欲無言。」子貢曰：「子如不言，則小子何述
> 焉？」子曰：「天何言哉？四時行焉，百物生焉，天何言
> 哉？」（論語・陽貨）

此章朱子和程子的注解，都將孔子對「四時行焉，百物生焉」的一
大生機的大化流行現象之贊頌，擺在次要地位，而使其變成形容辭
語，主旨變成孔子要求弟子們在他的動靜中體悟聖人妙道。[39]此種
詮釋喪失孔子儒家重視環境之教的實義，孔子的重點是告訴弟子，

---

[39] 朱子解釋此章曰：「四時行，百物生，莫非天理發見流行之實，不待言而
可見。聖人一動一靜，莫非妙道精義之發，亦天而已，豈待言而顯哉！此
亦開示子貢之切，惜乎其終不喻也！」此種解釋不類儒家剛健客觀之教，
倒是很像禪門說般若之空智。此與孔子的天行健君子以自強不息的儒教精
神不符合。又引程子曰：「孔子之道，譬如日星之明，猶患門人未能盡
曉，故曰：『予欲無言。』若顏子則便默識，其他則未免疑問，故曰：
『小子何述？』又曰：『天何言哉？四時行焉，百物生焉，天何言哉？』
則可謂至明白矣。」按程子的解釋也偏重拿孔子所言天何言哉？四時行
焉，百物生焉，天何言哉？來作為形容詞，用來形容孔子之道重在默識心
通。此種解釋，一方面忽略孔子此章說話的重點，一方面以為孔子的儒道
都是默識一路嗎？儒家雖然很重心靈體悟之功，但亦甚重視實學的經典研
習，故治學著重：博學、審問、慎思、明辨、篤行，乃是層層踏實的作學
問功夫一步一步深入，又說：博學以文，約之以禮，在在均強調應同時注
重德行和問學之務實之路。過分強調或標榜默識，實有禪學味道。而且，
本章孔子之言的重心不在「吾欲無言」，而是在「天何言哉？四時行焉，
百物生焉，天何言哉？」惜乎，程子輕忽之而將重心擺錯位置了。

有很多真理不是在言語中得到的，而是在周遭的環境之變化現象中去體悟的。我們看看王夫之的詮釋，船山曰：

> 乃四時行矣，溫寒燥濕無一定之期，乃小變而不失其大常，宜然而即然，以各正其令，天之推移，即時之序也。而百物生矣，靈蠢夭喬無一成之則，乃雜興而各成其材質，有體而即有用，以共效其功，天之發皇，即物之變化也。若是者，天之所以為天，即時之所以為時，物之所以為物。理行於氣之中，氣即著其行生之理，天豈有以命時而使之行哉？豈有以詔物而使之生哉？氣機之動，品彙之成，日月運於斯，五緯運於斯，風雨運於斯，動者以之秀，植者以之植，流峙者以之流峙。[40]

船山所述這一大段文章，很明白道出天地自然的生態規律，其有常規，所以有其時序，而且一切物種配合生態時節繁興而生，且物種合於雜異性的原理。所以，孔子所言的「天何言哉」，在船山的理解，天地的理氣自身有其生發流行生生之德，並無另一個具有意志的「上帝天」在上面給予命令指示，換言之，自然生態的大化流行之本身就是天命天理，在生機的作用繁興中顯示天地之道體，所以，體用是合一的，理氣亦是合一的，在其能動的主體上，說是體是理，而在具現的生機之萬象中，則說是用是氣。船山的詮釋乃能正面積極地說明了孔子此章的重心，四時行而百物生的天，順船山

的發揮說明，是我們現代能掌握認識的整全生機之大自然生態系，有日月風雨等地理氣象結構和內容之作用，因此地球環境中植物自然會依其本質和品類而生長為植物；動物也自然會依其本質和品類而生長為動物，這個規律就是大自然生態的規律，儒家其實從孔子始，就透過實證而體察到此生態律，在中國儒家，強調此律則是一大生機的整全生機體。[41]

五、「孔顏之樂」的生態環保義

環境思想既是整全觀點下的一大生機論，因此，孔子在其生活態度上，也就表現他在天地人一體生生的體證下的環境生態倫理，其生活態度是節約簡樸的而不是奢豪浪費的，甚至於主張「簡樸」的日常生活。

這樣的生活態度，在《論語》裡面有其清楚的表達。茲詮釋於下：

---

[41] 本文強調儒家對於環境的認知是透過觀察實證而非有如佛教偏重心之內在冥證，《易傳》說包犧氏如何統治天下，是：「古者包犧氏之王天下也，仰則觀象于天，俯則觀法于地。觀鳥獸之文，與地之宜，近取諸身，遠取諸物，於是始作八卦，以通神明之德，以類萬物之情。」（見《易繫辭下傳‧第二章》）這所謂「仰觀天文俯察地理」以及同時「觀鳥獸之文與地之宜」的敘述，反映了中國儒家非常重視實測之學，是很實證且具體地認識這個地球環境。此種對待自身的居住環境的根本態度與佛教和道家都有很大的不同，佛門視地球是娑婆濁世，是因緣聚合無自性的生滅法，所以佛門呵毀現實界的地球生態，是非實證非具體的態度；道家則以地球環境為自然清淨無為的自然本身，但道家全然站在不執取的虛靜心來觀照欣賞自然之美，所以是美學情調，也是非實證非具體的態度。

> 子曰：「飯疏食飲水，曲肱而枕之，樂亦在其中矣。不義而
> 富且貴，於我如浮雲。」（述而）

朱子注解此章說：「聖人之心，渾然天理，雖處困極，而樂亦無不
在焉。其視不義之富貴，於浮雲之無有，漠然無所動於其中也。」
朱子將重點置於「聖人之心渾然天理」一句，而強調此種飯疏食飲
水的生活狀況為「困極」，而既然是「困極」，那就有此種生活狀
況是甚不好的意思。朱子又引程伊川的話：「非樂疏食飲水也，雖
疏食飲水不能改其樂也。不義之富貴，視之輕如浮雲然。」又再引
伊川之言：「須知所樂者何事。」然則，程伊川也是認為疏食飲水
是一種「困極」的狀況，兩大理學家都將孔子的簡樸生活的重心歸
於心性的樂於天理。

　　宋儒畢竟喜歡高談心性論，所以傾向本心內在自我肯定之功夫
和境界來立論。此種詮釋雖然也忠實於儒家的心性論，但也忽視孔
子此語所強調的客觀架構性的精神，其實，孔子的日常生活「飯疏
食飲水，曲肱而枕之」，並非「困極」，而只是一種節約簡樸的生
活方式，是一種主體上的抉擇，此種生活態度是合乎生態環境倫理
的，孔子所說的「樂亦在其中矣」的這個快樂，並非如伊川只強調
的那個「道之樂」，因為如果孔子不能樂於節約簡樸，則如何能樂
於道呢？所以，所謂樂道必須是樂於簡樸，生活沒有具現節約之
樂，只在口頭上嘴巴上講樂道，是一種虛偽，此孔子不為也。因
此，孔子在此句子中說的「不義而富且貴」之不義的富貴，相對於
飯疏食飲水的簡樸生活，則此不義的意思也一定是來自不合法律不
合律則而來，個人、社會乃至整體文明的富貴，若是源自不義，追
根竭底，它一定是剝削挖掘淘空環境資源而聚斂為消費奢侈耗損的

生活物質的，現代性的消費主義和物欲主義，就是典型的現代資本主義文明體系中的「不義而富且貴」，它對於地球的環境生態的大肆破壞和污染，已到了危及包括人類在內的一切生命物種的生存和永續。因此，我們若關心環境生態，而希望從儒家倫理中得到思想的支持，則必須能善解孔子的智慧，昔賢過於著重本心的內向獨照之路來理解儒家，其實儒家既然很重視仁政王道，也就是重視道德在客觀文明中的架構實踐，就必須著重禮樂文制的外向式之路來理解儒家，因此，從環境倫理的一大生機觀來體會孔子的簡樸生活之道德實踐，是很重要的。

再看《論語》另一章：

> 子曰：「賢哉！回也。一簞食，一瓢飲，在陋巷，人不堪其憂，回也不改其樂，賢哉！回也。」（雍也）

朱子注曰：「顏子之貧如此，而處之泰然，不以害其樂，故夫子再言賢哉回也，以深歎美之。程子曰：『顏子之樂，非樂簞瓢陋巷也，不以貧窶累其心而改其所樂也。故夫子稱其賢。』又曰：『簞瓢陋巷非可樂，蓋自有其樂爾，其字當玩味，自有深意。』又曰：『昔受學於周茂叔，每令尋仲尼顏子樂處，所樂何事？』」[42]到了清代，乾嘉學者劉寶楠的注釋基本是與程朱相同的，劉氏說：「鄭注云：『貧者，人之所憂，而顏淵志道，自有所樂，故深賢之。』此注云『樂道』，與孔同。趙岐注《孟子·離婁篇》云：『當亂世

42　〔南宋〕朱熹：《四書集注·論語朱熹集註·雍也篇》（臺北：世界書局，1997），頁96。

安陋巷者，不用於世，窮而樂道也。惟樂道，故能好學。夫子疏水曲肱，樂在其中，亦謂樂道也。』」[43]

　　依此，朱子和程子兩大理學家以及清儒劉寶楠對〈顏回簞食瓢飲在陋巷〉章的理解，如同他們對〈孔子飯疏食飲水〉章的理解，是一樣的，[44]他們著重顏回樂道。其實，關於顏回與孔子節約簡樸的生活之兩章，其中的樂道之精神固然很重要，但樂道之心不能只是虛懸孤照的抽象的心，這個心必須隨著自己的身體之居處和生活之內容而證成，所以，孔子贊美顏回，乃是從顏回日常生活的節約簡樸而甘於清淡來給予肯定的，因此，「一簞食，一瓢飲，在陋巷」而自我怡然自得，這是一種澈底純粹的環境省約保育的生態生機式生活態度，而這種生態護持的生活也是儒家的樸實真實的心性之具現，孔子自己實踐，且以此標準稱許顏回，同時，此種簡樸生活之道，亦是歷來很多儒家的基本的環境倫理的踐履。

　　當代新儒家曾昭旭先生解釋此章說：「『一簞食，一瓢飲，在陋巷』表示顏回現實生活的困苦；『人不堪其憂，回也不改其樂』則用一般人之不能忍來比對出顏回已超越了現實環境與氣質生命（需食、需衣的有限生命）的限制，而掌握到精神上的自由之樂。這自由本質上是永恆的，可以自主的，不受外物影響的，所以用『不改

---

[43]　〔清〕劉寶楠：《論語正義》（上）（臺北：文史哲出版社，1990），頁226-227。

[44]　清儒劉寶楠注解〈孔子飯疏食飲水〉章有曰：「『樂亦在其中』者，言貧賤中自有樂也。《呂氏春秋‧慎人篇》：『古之得道者，窮亦樂，達亦樂。所樂非窮達也。道得於此，則窮達一也。〔……〕』」見〔清〕劉寶楠：《論語正義》（上）（臺北：文史哲出版社，1990），頁267。

其樂』來表示。」[45]曾氏認為此章重要的意思是說孔子稱讚顏回的心性修為已經上升到一個境界，就是超越了現實環境與氣質生命（需食、需衣的有限生命）的限制，而掌握到精神自由，因此種精神的自由，所以快樂，也就是樂於精神自由。而曾先生進一步說顏回的心性自由的本質是永恆的，可以自主，不受外物影響。這樣的詮釋，雖然特別彰著顏回做為一個人，經過心性的焠煉而能獲得精神之自由，亦即精神得到超脫，但若是認為人可以像神仙一樣地完全不受現實環境的影響，可以不受食、衣等生活必需品的限制，則實屬過於美化誇張之論，曾先生的解讀似乎過於傾向將顏回視為道家神話中的可以餐風飲露的神人。[46]我們明白人不是神仙，人的身體不可能超越現實環境與氣質生命的限制，也就是人餓了就必須吃食，冷了就必須穿衣，這就是說人是環境生態中的一個生命物種，基於此點，顏回既然是人，他當然必須吃飯飲水，也必須有地方居住才能避風躲雨，因此，簞食瓢飲和在陋巷的資源物質，固然非常簡陋，但畢竟是食物飲水以及住屋，也就是此種種乃是根本的人生活和存活的環境條件，如果完全沒有，人無法活下去，但只要有「簞食」可吃；「瓢飲」可喝；「陋巷」可居，亦即具有最基本的生存生活的物質條件，就不至於凍餒而死。[47]所以，這一章的基本

45　曾昭旭：《論語義理疏解‧氣質的成全》，收入王邦雄、曾昭旭、楊祖漢：《論語義理疏解》（臺北：鵝湖出版社，1989），頁185。

46　莊子善以神話詮釋自然之道，他有一個描述神人的文句甚美，他說：「藐姑射之山，有神人居焉：肌膚若冰雪，綽約若處子，不食五穀，吸風飲露，乘雲氣，御飛龍，而遊乎四海之外，其神凝，使物不疵癘而年穀熟。」見《莊子‧逍遙遊》。

47　在佛教，釋迦牟尼佛於青年時期極端苦修時，亦誤以為鄙棄基本生存生活

精神，其實不能一味偏向心性主體的內在型證悟，譬如所謂「樂道」或「精神自由之樂」，古代儒家是能客觀重視外在的環境生態的，在許多經典中，如《易》、《詩》、《書》的篇章在在都有自然環境之描述和形容，也很強調人文活動需要與自然環境的生態規律相諧和相融洽，甚至較後出的《禮記》也有甚多的天地自然的記載和說明，而若以《孟子》、《荀子》來看，孟荀兩大儒家重視人在環境中如何實踐人文律與道德律，亦是十分明著的事實。孔子不是宋明時代的理學家心學家，因此，〈顏回簞食瓢飲在陋巷〉這一章的真正主旨實在不宜只表彰對於道體之形上學體悟，而應該返回到顏回是一個活生生的有其血肉之軀的存有性之人來進行理解，這也就是顏回是在日常生活中實踐與環境資源的生態相協調相和諧的節約簡樸之道，而這樣的樸素簡單的生活，是可以有效降低人的慾念的，也就可以直接或間接地護育環境生態，而因此才能真正融入整全生機的天地之體系中。

六、邁向簡樸生活之道

　　上述徵引的是《論語》記載的兩條關於孔顏之樂的章句，此章句表徵的是與儒家日常生活的基本態度深切相關的環境生態倫理。

的物質條件，完全將修行收縮至心性意志中，以為此方是追求真理之方，如同印度以自虐自苦之方式來修行的苦行外道一樣，終不能體悟解脫，弄到形銷骨立，幾乎瀕臨肉身之死亡，在此危機之際幸得牧羊女以羊乳救活，釋迦牟尼佛於此體悟到解脫之道是在塵世依最簡單節約的生存生活之物質條件，讓身心一致於清明之中，才能體證般若慈悲之法性。佛其實與孔子的觀點和實踐是一樣的。

儒家既然是一種主張一大生機的整全環境生態觀，然則，他們的生活就必然是節約簡樸的生活方式。所以，無論是孔子的「飯疏食飲水，曲肱而枕之。」或顏回的「一簞食，一瓢飲，在陋巷。」都指向儒家的古典生活和生命的典範，此典範是不能浪費耗損環境生態資源物質，人依據最基本的條件向地球取得淡泊的維生之所需，如此即為知足，即是樂道。而如此的生活和生命的態度，不僅是中國儒家的規範，日本作家中野孝次在其著作中，特別對於此種合乎節約簡樸的環境生態倫理稱之為「清貧思想」，由是思想帶出的生活，即可稱為「清貧傳統的生活」。中野氏在其著作中舉出了日本許多有名的僧人、作家、詩人、藝術家、儒者，證明日本的人物，很多數其實與孔顏一樣，都是飯疏食飲水曲肱而枕之或一簞食一瓢飲在陋巷的易簡而單純之人。中野氏說：「（日本）此一文化傳統誠如華滋華斯詩所云：『生活低，思想高』，認為現世生活應儘量簡樸，並讓心靈悠遊於風雅世界中，這才是做為一個人的最高尚生活。〔……〕目前，這種傳統，可以說是尊重清貧的思想，仍然存在於我們之中，對抗著物質萬能的風潮。」[48]中野氏說的「清貧思想」以及帶出來的他所說的「清貧生活」，就是儘量節約簡樸，因為節約簡樸，才不會被物質宰制物化，如此心靈才能悠遊。中野氏論「清貧思想」說：

> 「清貧思想」，在過去也決不會認為只是一種消極原理，同
> 樣被他們肯定為參與宇宙生命的積極原理。這是不被閉鎖在

---

[48] 〔日〕中野孝次：《清貧思想》，李永熾中譯（臺北：張老師文化事業公司，2004），頁11。

> 自我狹隘圍牆內的功夫，為欲望和我執所拘，就不能感受到
> 自我之外遍佈的宇宙生命。因此，將所有物縮到最小限度
> 內，把身體解放給大千世界之生命的手段，就是他們的清
> 貧。**49**

以上論「清貧思想」，正好可以完全印證孔子和顏回的節約簡樸的
生活方式。因為節約簡樸，所以清貧，也就是讓物質縮小到最基本
限度，去掉私欲和我法兩執，身體輕安，因而心靈獲得真正大的解
放，這才能心與道合一，這樣的「我」方是與宇宙同德同量的大
我。不但孔子、顏回的生活和生命是如此，朱子、白沙、炎武、船
山何嘗不然，到了當代新儒家的熊十力、徐復觀、唐君毅、牟宗
三、錢穆等先生，也是一樣的形態，譬如牟宗三先生吃飯時常常是
一根大蔥配著米飯吃，就這樣，他仍然活到八十六歲的高齡，而且
到七、八十歲仍然心與天通，心性清明無限，還是創作不輟，具有
高度原創性的《圓善論》是晚年的巨著，若非節約簡樸的生活來實
踐如莊子〈養生主〉所論的心靈精神的境界，何能作到？

　　「清貧生活」也就是簡樸節約的生活。不只是名聞望重的中國
歷代的儒道釋人物或日本的神道和儒釋人物，才合乎環境生態的生
生真機而過著簡樸生活，其亦是一般平民百姓的環境倫理，我們且
看中野氏的描寫：

> 我現在最懷念、常鄉愁般想地的是戰前市井間清貧勤勞的
> 人。〔……〕是工匠、商家、農民。

49　同上注，頁 138。

他們的生活，從今日觀之，堪稱貧窮節儉之至。〔……〕住
在歐美人譏稱為「木與紙之家」的木造房子，用襖與障子隔
間的簡樸室內，只有置放衣服的衣櫃和茶器的茶櫃。總之，
他們住在空蕩，本質上與草庵無異，簡樸至極的房子裡，並
在其中工作，這是他們的生活主體。

但是，我相信，在這貧窮簡樸的生活中，存有內在的自我規
律。我的父親是工匠，建房子的木工，因父親而認識的許多
工匠都有所謂「工匠氣質」的生活規範。他們的小小住家中
必祀神佛，朝夕虔誠禮拜，相信神佛的存在，而有內心的律
則。**50**

中野氏點出他所說的清貧之道，也就是中國儒家的節約簡樸的生活
之道，並非只屬於菁英階層的生活和生命特色，它是普及於庶民百
姓的德教。廣土眾民平均都一致地節約簡樸，日常生活上的物質是
非常有限的，雖然均是「清貧」，過著「飯疏食飲水」的簡樸生
活，但均在簡單的住家中「必祀神佛」，形成生命空間中的神聖核
心，於早晚禮拜中，凝聚了自己的心中律則，故能在精神中得到自
由之樂或道之樂。孔子所言「樂亦在其中矣」以及「回也不改其
樂」之「樂」，應作如是觀，而中國的庶民百姓在儒家的德教中，
亦必然如魚之悠游於水中，他們也必如中野氏的工匠父親一樣，也
是在這貧窮簡樸的生活中，存有內在的自我規律，因而亦能安貧樂
道。而一旦廣土眾民皆能簡樸節約而不奢侈耗費且亦實實在在的，
則人們就能護育環境生態，則此大化流行的生機自能永續暢達。

50　同上注，頁 207。

中野孝次心中懷著對於母親的無盡孝思，特別表彰他母親的「清貧之德」。[51]他描述說：

> 我的母親每天為三餐、洗衣、打掃、女紅等家事獻身，使家裡常保持清潔，但對自己則毫無所求。不曾見她為利欲打轉。從我母親及其他人之母親的行誼中，我已親身認知《往生要集》所言：「知足，雖貧亦可稱為富；有財而欲多，則可稱為貧。」這種生活姿態並不只母親一人所懸心，似乎已是傳承下來的文化。〔……〕

日本傳統家庭主婦，很多都如中野氏的母親，這樣的無所私求的奉獻以及清貧守道之婦德，其實是總體生態文明中的生機之一種顯發，特別是在坤德中表現出來。中野氏的母親是這樣，先母出身佃農之家，她年輕時是工廠的基層工人，在家中的行誼與中野氏的母親幾乎一樣。

> 〔……〕對大自然的愛與親近感也存在於這些無名的市井大眾心裡。日本的家屋對外完全開放，家的內部和外部連在一起，〔……〕大自然可以直接入內，而在家裡況味自然地推移。母親在狹小庭院中培育會開花的灌木、草與盆景；花開了。就與附近的朋友一面飲茶一面享受，說今年花開得很美，活著就可以再和花相遇。
> 不是因為是自己的母親，才把她美化。對於許多日本庶民而

51　同上注，頁208-209。

言，這是親身的感受，〔……〕城裡沒有庭院的住家也才一
種習慣，設置一個極小的自然空間，稱為「坪庭」，好在這
小小世界裡享受大自然的變遷。
仔細玩味江戶時代畫家久隅守景描寫庶民生活的《夕顏棚納
涼圖》影本，圖中，在葫蘆花盛開的棚架下，舖了蓆子，一
對貧窮的夫婦和孩子享受工作一日後的團聚之樂。可知日本
從江戶時代起，即使這樣貧窮，也有心去享受生命。

在上引這一大段中野氏的描寫中，我們看到日本傳統住屋空間將人
與天地整全在一起的一大生機，這樣的人之棲居空間在現代鋼筋水
泥建築中是幾乎不存在的，但在簡樸節約的一般庶民百姓的傳統住
屋的棲居空間中，卻有著豐富的自然生態之氣韻生動。中野氏的母
親以及其他很多日本庶民在住家周遭院落的蒔花植瓜，是一種讓生
機就在生活世界中的我之身邊生發，這是一種自然生態的生生不已
的生活文化。日本是這樣，中國的庶民亦何嘗不然，其實，中野氏
敘說的他母親以及日本庶民百姓的此種通過種植而生發的自然生機
感通相應的清貧簡樸生活方式，在中國儒家德教之下的中國廣大農
村的庶民百姓亦具有類似的精神。[52]筆者在鄉下的老家有一點前院
後園，我父母平日都勤於在前院種樹植花，在後園種蔬菜水果，同
時也豢養豬仔和雞鴨，少年的我也參與其中，幫忙澆水打掃之類的
事務，此種生活和生命與大自然的大化流行是感通連接在一起的，

52　潘朝陽：〈古代家園四重性的空間關懷與當代新儒家的大地深情〉，收入
　　氏著：《家園深情與空間離散──儒家的身心體證》（臺北：國立臺灣師
　　範大學出版中心，2013），頁1-58。

生機在我們家人的身心和生活中流暢，這是幸福愉悅的節約簡樸的生活方式，其精神很自由，心靈很安寧也很豐富。

> 我的母親平時口中常說：「真浪費！」這話表面上是勸人「別糟蹋東西」，但不單是要人節儉，更含有「對神佛不周到，不勝惶恐」之意。若是食物，縱為一粒飯、一葉菜，如果不能善盡其用，徒然浪費，也是褻瀆生命，對上天不勝惶恐的行為。所以，她對一張紙、一顆鈕釦也不會隨便拋棄，一定善加利用，絕不浪費。

中野氏的母親以一種宗教虔敬之心來過如此儉樸惜物的生活，這樣的生活行誼，源於日本傳統敬愛大自然生態的文化信念，在中國三教影響下的庶民百姓，也是一樣，筆者少年時全家一定同時圍桌吃飯，飯夠吃，菜餚中有蔬菜，也會有肉，但肉類絕對只一樣，且分量不多，恰好而已，碗裡的飯粒是不能剩下丟棄的，菜也需吃完，這是很重要的庭訓，不但父母會督導，連老祖母也會管教。對於紙張的珍惜，祖母特別誠懇實踐之，她沒讀過書所以不識字，因此對字紙真是珍惜萬分，一點都不敢隨意糟蹋，家中片紙隻字一定整理好，定期恭敬焚燒，餘燼餘灰則用來洗刷茶罐茶杯，住屋雖然狹小簡樸，卻天天都窗明几淨，做到纖塵不染，一輩子都穿傳統清朝傳下的中國客家婦女穿的傳統藍色大衣以及黑色長褲，衣服捨不得更新，所以衣服的藍色黑色已經泛白，但絕對沒有破絮裂縫也絕對是乾乾淨淨的。

　　筆者的祖母和父母親，他們的一生之節約簡樸生活之道的踐履，在在顯示了中國庶民的文化和教養，其實就是在一個天人倫理

的磁場中，他們的生活必定是與整全生機的自然生態的大化流行、生生不已的原理是融合為一體的，因為，他們節約簡樸而謹守珍惜尊重天地的生化大德，他們的生命一直都在這個大德之中，是這個一大生機中的不可分割的存有者。

七、結論

儒家的環境觀主張生生不已、大化流行的整全生機，此種內容，筆者曾經為文詮釋，大致上，在很多儒家經典中都有相關的文章，從《易》、《書》、《論語》、《孟子》、《禮》……等都找得到人與天地本為一體的環境自然觀點。[53]

天地自然是一大生機體，人在其中亦屬於此生機的一部分，不可分割，因此，亦不可將文化從自然生態的生生體系中獨立出去。在前現代的傳統時代，人的文化確實是自然環境中的文化，但是現代化也就是工業化、都市化之後的現代文化卻已經過科技的能力之影響，而使文化脫離自然，變成人雖然仍在環境生態之中操作文化，但卻可以不理會環境不尊重生態。

中國古人不是這樣的，儒家講內聖外王，內外不可分裂割離，而此外王之實施一定要面臨且就在環境生態之內，所以，儒家的施行仁政王道，必然講究合乎符應大自然的大化流行的永續規律，否

---

[53] 請參閱潘朝陽：《心靈・空間・環境──人文主義的地理思想》（臺北：五南文化事業公司，2005）。也可參閱潘朝陽：〈上古中國的自然觀初探──以《孟子・梁惠王》及《史記・禮書》《史記・樂書》為例〉，收入戴維揚主編：《人文研究與語文研究》（臺北：臺灣師範大學，2004），頁 175-190。

則就非仁政王道。

　　因此，我們如果要全盤了解並且詮釋中國儒家的環境生態倫理，需從其基本的存有論、宇宙論之認識出發，而周及於其人地關係的文本，再必須追索儒家歷代的國土治理中的環境觀和生態觀，並及於其實踐於大自然整體結構中的實效是正面抑或負面。

　　再者，儒家所主張的生生不已的整全生機觀的環境生態倫理，是肯定節約簡樸之生活之道的，在全球化的消費主義和物質主義甚為囂塵的當代，確是一劑清涼藥方，應該努力弘揚。

　　本文初稿發表於在「經典、經學與儒家思想的現代詮釋」國際學術研討會（深圳：深圳大學國學研究所，2015.1.24-25）。

潘朝陽簡歷

（2016/3/1）

一、專職：

臺灣師大東亞學系、地理系合聘教授。

臺灣師大東亞文化與漢學研究中心主任。

臺灣師大全球客家文化研究中心研究員。

曾任：臺師大地理系系主任、臺師大東亞文化與發展系系主任、臺師大國際漢學研究所所長、臺師大國際與僑教學院院長、臺師大僑生先修部部主任。

二、學術專長：

文化地理學、地理思想、環境倫理、空間論、中國儒學、臺灣儒學、當代新儒學。

三、社會職務：

鵝湖月刊社社長、臺灣朱子學研究協會理事長、中華奉元學會常務理事、東方人文學術研究基金會董事、臺灣周易研究會理事、中華兩岸和平發展聯合會第一副主席、海峽評論社編委。

曾任：《思與言》編委、《鵝湖》主編、《漢學研究》編委。

四、著作：

1.《出離與歸返：淨土空間論》（臺北：臺灣師大地理系，

2001）。

2. 《明清臺灣儒學論》（臺北：臺灣學生書局，2001）。

3. 《心靈‧空間‧環境：人文主義的地理思想》（臺北：五南圖書出版公司，2005.06）。

4. 《臺灣儒學的傳統與現代》（臺北：國立臺灣大學出版中心，2008.9；2013.06 一版再刷）。

5. 《臺灣漢人通俗宗教的空間與環境詮釋》（廈門：廈門大學出版社，2008.10）。

6. 《時代憂患與國族思維》（臺北：海峽學術出版社，2009.12）。

7. 《儒學的環境空間思想與實踐》（臺北：國立臺灣大學出版中心，2011.04；2013.03 一版再刷）。（本書獲得臺灣師大 2012 年傑出專書）。

8. 《家園深情與空間離散──儒家的身心體證》（臺北：國立臺灣師範大學出版中心，2013.10）。（本書獲得臺灣師大 2013 年傑出專書）。

國家圖書館出版品預行編目資料

天地人和諧——儒家的環境空間倫理與關懷

潘朝陽著.– 初版.– 臺北市：臺灣學生，2016.06
面；公分

ISBN 978-957-15-1704-9 (平裝)

1. 儒家 2. 新儒學 3. 地理思想 4. 文集

121.207   105007129

天地人和諧——儒家的環境空間倫理與關懷

著　作　者：潘　　　　朝　　　　陽
出　版　者：臺 灣 學 生 書 局 有 限 公 司
發　行　人：楊　　　　雲　　　　龍
發　行　所：臺 灣 學 生 書 局 有 限 公 司
　　　　　　臺北市和平東路一段七十五巷十一號
　　　　　　郵 政 劃 撥 帳 號：00024668
　　　　　　電　話：(0 2) 2 3 9 2 8 1 8 5
　　　　　　傳　眞：(0 2) 2 3 9 2 8 1 0 5
　　　　　　E-mail：student.book@msa.hinet.net
　　　　　　http：//www.studentbook.com.tw
本 書 局 登
記 證 字 號：行政院新聞局局版北市業字第玖捌壹號
印　刷　所：長 欣 印 刷 企 業 社
　　　　　　新北市中和區中正路九八八巷十七號
　　　　　　電　話：(0 2) 2 2 2 6 8 8 5 3

定價：新臺幣二六〇元

二　〇　一　六　年　六　月　初　版